Friedrich Curtius

Chlodwig Fürst zu Hohenlohe-Schillingsfürst
Zu seinem hundertsten Geburtstag

Reihe *Deutsches Reich – Schriften und Diskurse*
Reichskanzler, Bd. III/I

Übertragung von Fraktur in Antiqua
und Nachdruck der Originalausgabe von 1919

Curtius, Friedrich: Chlodwig Fürst zu Hohenlohe-Schillingsfürst. Zu seinem hundertsten Geburtstag
Übertragung von Fraktur in Antiqua und Nachdruck der Originalausgabe von 1919
Hamburg, SEVERUS Verlag 2011.

Reihe *Deutsches Reich – Schriften und Diskurse*
Reichskanzler, Bd. III/I
Herausgeber: Björn Bedey

ISBN: 978-3-86347-089-0
Druck: SEVERUS Verlag, Hamburg, 2011

Der SEVERUS Verlag ist ein Imprint der Diplomica Verlag GmbH.

Bibliografische Information der Deutschen Nationalbibliothek:
Die Deutsche Nationalbibliothek verzeichnet diese Publikation in der Deutschen Nationalbibliografie; detaillierte bibliografische Daten sind im Internet über http://dnb.d-nb.de abrufbar.

© **SEVERUS Verlag**
http://www.severus-verlag.de, Hamburg 2011
Printed in Germany
Alle Rechte vorbehalten.

Der SEVERUS Verlag übernimmt keine juristische Verantwortung oder irgendeine Haftung für evtl. fehlerhafte Angaben und deren Folgen.

Vorwort

zur Reihe *Deutsches Reich – Schriften und Diskurse*

Verehrter Leser,

aus der politisch-historischen Perspektive betrachtet, bezeichnet das Deutsche Reich den deutschen Nationalstaat in den Jahren von 1871 bis 1945. In dieser Zeitspanne von 74 Jahren – dem Lebensalter eines Menschen entsprechend – entwickelte sich der erste einheitliche Nationalstaat aller Deutschen von einer Monarchie (dem Deutschen Kaiserreich von 1871 bis 1918) über eine pluralistische, gemischt präsidial-parlamentarische Demokratie (der Weimarer Republik von 1919 bis 1933) bis hin zu einer totalitären Diktatur (der nationalsozialistischen Herrschaft von 1933 bis 1945). Das Deutsche Reich hatte in diesem Zeitraum zwei Weltkriege zu verantworten.

Die politischen sowie persönlichen Erfahrungen und Handlungen der Deutschen in der Zeit des Deutschen Reiches waren und sind die historische Bürde, aber auch das historische Fundament der von den Siegermächten des zweiten Weltkriegs 1949 gegründeten Bundesrepublik Deutschland. Auch für die seit 1990 bestehende Berliner Republik wirkt das Deutsche Reich immer noch nach und bestimmt auch die politischen Handlungsoptionen nachhaltig. Für das Verständnis unserer politischen Gegenwart und die Abwägung der Handlungsoptionen für die Zukunft ist die Kenntnis dieser Grundlagen unerlässlich.

Zeitzeugen aus dem Deutschen Kaiserreich und auch aus der Weimarer Republik leben nicht mehr. In wenigen Jahren werden auch die persönlichen Berichte aus der Zeit der Diktatur der Nationalsozialisten nur noch als audiovisuelle Aufzeichnung verfügbar sein.

Wer waren jedoch die entscheidenden Köpfe in dieser Zeit? Was bewegte die Herrschenden und die Opposition? Wie kam es zu den Entwicklungen? Diesen Fragen widmet sich diese Buchreihe, in der Schriften aus der Zeit des Deutschen Reiches wieder verlegt und damit der Nachwelt für das authentische Quellenstudium zugänglich gemacht werden.

Gerade in unserem, dem sogenannten *digitalen* Zeitalter, ist die Gefahr der Vernichtung und vor allem der Verfälschung von Quellen so groß wie bisher in keiner anderen Phase der Neuzeit. Die Bibliotheken sind gezwungen, mit immer geringeren Budgets zu haushalten und können den Interessierten nur noch selten den Zugang zu den Schriftstücken im Original gewähren. Die Anzahl antiquarischer Bücher sinkt stetig aufgrund des altersbedingten Verfalls, der unvermeidbaren Zerstörung durch Unfälle und Naturkatastrophen sowie des Abhandenkommens durch Diebstahl. Viele Titel verschwinden zudem in den Regalen von Sammlern und sind für die Allgemeinheit nicht mehr zugänglich. Das Internet mit seinem vermeintlich unbegrenzten Zugriff auf Informationen stellt sich immer mehr als die große Bedrohung für Überlieferungen aus der Vergangenheit heraus. Die Bezugsquellen der digitalen Daten sind nicht nachhaltig, die Authentizität der Inhalte nicht gewährleistet und deren Überprüfbarkeit längst unmöglich. Die Digitalisierung von Bibliotheksbeständen erfolgt meist automatisiert und erfasst die Schriften häufig lückenhaft und in schlechter Qualität. Die digitalen Speichermedien wie Magnetplatten, Magnetbänder oder optische Speicher haben im Gegensatz zu Papier nur einen sehr kurzen Nutzungszeitraum.

In der vorliegenden Reihe *Deutsches Reich – Schriften und Diskurse* werden authentische Schriften und Reden der Reichskanzler, begleitende Texte Parlamentsabgeordneter und Ideologen der Parteien, sowie allgemeine politisch-historische Abhandlungen verlegt.

Reichskanzler

Chlodwig zu Hohenlohe-Schillingsfürst

Chlodwig Carl Viktor Fürst zu Hohenlohe-Schillingfürst, Prinz von Ratibor und von Corvey, war von 1894 bis 1900 der dritte Reichskanzler des Deutschen Reiches.

„Onkel Chlodwig" oder „Oheim" wurde der fünfundsiebzigjährige deutsche Reichskanzler bei seinem Amtsantritt von Kaiser Wilhelm II. genannt. Zu Hohenlohe-Schillingfürst (geb. 31. März 1819; gest. 6. Juli 1901) war nur vier Jahre jünger als Otto Fürst Bismarck (geb. 1. April 1815; gest. 30. Juli 1898). Die Mutter der Kaiserin Auguste Victoria war seine Cousine. Aufgrund des verwandtschaftlichen Verhältnisses duzten sich der Kaiser und sein Reichskanzler.

Die bis in das 12. Jahrhundert zurückreichende Familie zu Hohenlohe-Schillingfürst war bis 1806 reichsunmittelbar und unterstand damit keiner anderen Herrschaft als dem Kaiser allein. Als Standesherr war er nach dem damaligen Verständnis den regierenden Häusern gleichrangig. So war es für den Fürsten nach dem Studium der Rechtswissenschaften während seiner Referendarzeit ab 1843 bei der Regierung in Potsdam selbstverständlich, jede Woche mit dem König Friedrich Wilhelm IV. zu speisen.

Zu Hohenlohe-Schillingfürst trat nach dem Tod seines Bruders Philipp Ernst 1845 die Herrschaft über das Stammhaus Schillingfürst in Bayern an und wurde hierdurch erbliches Mitglied der bayerischen Kammer der Reichsräte. Dort vertrat er eine liberale, auf eine Vereinigung Deutschlands ausgerichtete Politik ohne größere Resonanz. Während der Märzrevolution 1848 trat er für die Frankfurter Nationalversammlung ein und unterstützte die provisorische Zentralgewalt. Als Anhänger der Unionspolitik war er anschließend ein Befürworter der Vorherrschaft Preußens gegenüber Österreich und setzte sich damit der mehrheitlichen Ablehnung des bayerischen Adels aus. Besonders in den Jahren 1861 bis 1866 stand er in offener Opposition zum bayerischen Ministerpräsidenten Ludwig von der

Pfordten. Durch die Niederlage Bayerns im Rahmen des Preußisch-Deutschen Kriegs 1866 und der damit notwendigen neuen Ausrichtung der bayerischen Innenpolitik wurde zu Hohenlohe-Schillingfürst 1866 der Vorsitzende des Ministerrates des Königreichs Bayern und hiermit einhergehend auch dessen Außenminister. Während seiner Amtszeit schloss er ein Schutz- und Trutzbündnis mit dem Norddeutschen Bund und betrieb die Integration Süddeutschlands in das Zollparlament. Der Versuch, ein Bund der süddeutschen Staaten zu gründen, scheiterte am Widerstand Österreichs. Trotz seines katholischen Glaubens war er ein Gegner des päpstlichen Unfehlbarkeitsdogmas und Anhänger der Trennung von Staat und Kirche. Er versuchte durch ein neues Schulgesetz den Einfluss der Kirche in den Schulen zu mindern. Hierdurch zog er sich die Kritik der partikularistisch-katholischen Patriotenpartei zu. Die Gegner seiner Bildungs- und preußenfreundlichen Politik drängten ihn schließlich durch ein Misstrauensvotum 1870 aus dem Amt.

Als Abgeordneter im bayerischen Reichsrat von 1870 bis 1871 setzte er sich für die Teilnahme Bayerns im Deutsch-Französichen Krieg und für den Anschluss Bayerns an das Deutsche Reich ein. Von 1871 bis 1881 war er Abgeordneter des Reichtstages, anfangs als Fraktionsvorsitzender der Liberalen Reichspartei und später als Freikonservativer. Er unterstützte Bismarck bei seinem Kulturkampf und zog sich damit die erbitterte Gegnerschaft der Zentrumspartei zu. Zeitgleich war er auch Botschafter in Paris , nahm 1878 am Berliner Kongress zur friedlichen Lösung des Balkankonfliktes teil und amtierte übergangsweise als Staatssekretär des Auswärtigen Amtes. 1885 bis 1894 versuchte er als Reichsstatthalter in Elsaß-Lothringen erfolglos, die deutsche Sprache zu fördern.

Nach dem Sturz des Reichskanzlers Leo von Caprivi 1894 wurde ein passender Übergangskanzler gesucht. Die Vertrauten des Kaisers, Großherzog Friedrich I. von Baden und Philip zu Eulenburg, empfahlen zu Hohenlohe-Schillingfürst als kenntnisreichen und über den Parteien stehenden Staatsmann. Allein zu Hohenlohe-

Schillingfürst tat sich schwer mit dem angebotenen Amt. Aufgrund seiner altersbedingten Schwäche, fehlender Rhetorik und mangelnder Kenntnisse der preußischen Gesetze und Gegebenheiten stand er dem Angebot eher ablehnend gegenüber. Zudem war er Nichtmilitär und verfügte über aus seiner Sicht nur unzureichende finanzielle Mittel. Wilhelm II. gewährte ihm daher aus der kaiserlichen Privatschatulle ein zusätzliches Gehalt von 120 TRM pro Jahr und die Möglichkeit, in begrenztem Rahmen seine Mitarbeiter selbst auszuwählen. Nicht zuletzt aufgrund seiner verwandtschaftlichen Beziehungen zu zahlreichen Personen in einflussreichen Positionen trat Zu Hohenlohe-Schillingfürst 1894 das Amt des Reichskanzlers und preußischen Ministerpräsidenten an.

Obwohl er dem persönlichen Regiment des Kaisers ablehnend gegenüberstand, wagte er nur sehr zögernd, verhalten und auch nur intern, sich gegen die kaiserlichen Eingriffe in die Regierungsgeschäfte zur Wehr zu setzen. Bei der Reform des preußischen Militärgesetzes, mit dem Verfahren der Militärgerichte öffentlich zugänglich gemacht werden sollten, kam es zu einem heftigen Konflikt mit dem Kaiser, der schließlich in einer Minister- und Kanzlerkrise endete. Am Ende setzte sich der Kaiser weitestgehend durch und zu Hohenlohe-Schillingfürst resignierte.

Schon kurz nach dem Amtsantritt zu Hohenlohe-Schillingfürsts wurde Bernhard von Bülow dem Kaiser als kommender Reichskanzler empfohlen. Bereits 1895 fiel die Entscheidung, Bülow als kommenden Reichskanzler systematisch aufzubauen. Zu Hohenlohe-Schillingfürst wurde von diesen Plänen persönlich durch den Kaiser informiert. 1897 wurde zu Hohenlohe-Schillingfürsts engster Mitarbeiter, Adolf Marschall von Bieberstein, als Staatssekretär des Auswärtigen durch Bülow ersetzt sowie weitere zahlreiche Umbesetzungen vom Kaiser durchgeführt – dies war die faktische Entmachtung des Reichskanzlers.

An der beginnenden imperialistischen deutschen Kolonialpolitik, der Aufrüstung der Flotte und an den sich stetig verschlechternden

Beziehungen zu England nahm der Reichskanzler keinen Anteil mehr.

Von den sechs Jahren der Kanzlerschaft hat zu Hohenlohe-Schillingfürst höchstens drei Jahre politisch wirken können. Am 17. Oktober 1900 tritt zu Hohenlohe-Schillingfürst aus Altersgründen vom Amt des Reichskanzlers und preußischen Ministerpräsidenten zurück – Bülow wird sein Nachfolger.

Am 6. Juli 1901, acht Monate nach seinem Rücktritt, stirbt Clodwig zu Zu Hohenlohe-Schillingfürst in Ragaz in der Schweiz.

Friedrich Curtius

Die vorliegende Gedenkschrift „Fürst Chlodwig zu Hohenlohe-Schillingfürst – Zu seinem 100. Geburtstag" wurde im Jahr 1919 publiziert. Der Autor Friedrich Curtius wurde am 7. Juli 1851 in Berlin geboren. Sein Vater war der Archäologe Ernst Curtius und seine Mutter Auguste war eine geb. Reichhelm.

Friedrich Curtius war das Patenkind von Kaiser Friedrich III., dessen Hauslehrer sein Vater gewesen war.

Nach seinem Abitur studierte Curtius Rechtswissenschaften und siedelte 1878 in das Elsaß um, wo er dann auch sein zweites Staatsexamen ablegte. Im Jahr 1884 wurde er Kreisdirektor des Landkreises Thann , von 1897 bis 1901 in Colmar und von 1901 bis zu seiner Pensionierung 1903 in Straßburg.

Durch seine Tätigkeit als Leiter des Direktoriums der Kirche Augsburgischer Konfession wurde er 1911 Mitglied der ersten Kammer des Landtags des Reichslandes Elsaß-Lothringen, der er bis zu seinem Rücktritt 1914 angehörte. Curtius war Mitglied der liberalen Elsässischen Fortschrittspartei und bei deren Gründung 1912 Vorstandsmitglied.

Verheiratet war Curtius mit Louise geb. Gräfin Erlach-Hindelbank. Er war Vater des Romanisten Ernst Robert Curtius und des Mediziners Friedrich Curtius sowie zweier Töchter. Seine Tochter Olympia war mit dem bekannten Mediziner Viktor von Weizsäcker verheiratet, dem Bruder des Vaters von Richard von Weizsäcker, Bundespräsident der Bundesrepublik Deutschland von 1984 bis 1994. Friedrich Curtius verstarb am 4. Mai 1933 in Heidelberg.

Schließen möchte ich dieses Vorwort mit einem Zitat von Chlodwig zu Hohenlohe-Schillingfürst: „Ich bin nicht Kanzleirat, sondern Reichskanzler und muss wissen, was ich zu sagen habe."

Björn Bedey
Herausgeber der Reihe *Deutsches Reich: Schriften und Diskurse*

Am 1. Januar 1878 schrieb Bismarck an den deutschen Botschafter in Paris: „Euer Durchlaucht möchte ich meinen herzlichen Dank für die so einsichtige und tapfere Unterstützung sagen, welche Sie mir, wie in allen Fällen, so auch in den letzten, schwierigen Monaten in der nachhaltigsten und bereitwilligsten Weise geleistet haben. Das Geschick und den loyalen Willen zur Vertretung unserer Interessen finde ich leider nicht immer vereinigt und bin deshalb um so dankbarer für die Ausnahmen, in denen dies der Fall ist. Ich werde es stets dankbar erkennen, daß ich während der ganzen Zeit unseres Zusammenarbeitens immer auf Euer Durchlaucht sichere und erfolgreiche Mitwirkung zählen durfte, ohne die es bei allen Anfeindungen und Intrigen, deren Ziel ich bin, nicht möglich wäre, das Unentbehrliche zu erreichen und das Gefährliche unschädlich zu machen." Dieses Zeugnis des Schöpfers der deutschen Einheit dürfte Grund genug sein, am 21. März d. J. die Erinnerung an den Fürsten Chlodwig Hohenlohe zu beleben und den Versuch einer Würdigung seiner Persönlichkeit zu rechtfertigen.

Hohenlohe wurde am 31. März 1819 zu Rotenburg an der Fulda geboren. Seine Eltern waren der Fürst Franz Josef zu Hohenlohe-Schillingsfürst und Fürstin Konstanze, geborene Prinzessin zu Hohenlohe-Langenburg. Chlodwig verlebte seine Kindheit abwechselnd in Schillingsfürst und in Rotenburg, der Residenz des Landgrafen Victor Amadeus von Hessen-Rotenburg. Dieser, mit einer Schwester des Fürsten Franz Josef vermählt und kinderlos, hatte die Söhne seines Schwagers zu Erben seines Allodialbesitzes bestimmt und wünschte deshalb an ihrer Erziehung teilzunehmen und sich an ihrer Entwicklung zu erfreuen. Den ersten Unterricht empfing der Prinz zusammen mit seinem ein Jahr älteren Bruder Victor, dem späteren Herzog von Ratibor. Mit ihm und dem jüngeren Bruder Philipp Ernst besuchte er von 1832 bis 1833 das Gymnasium zu Ansbach. 1833 wurden Victor, Chlodwig, Philipp Ernst und der vierte der Brüder, Gustav, der spätere Kardinal, in das Gymnasium zu Erfurt aufgenommen. Im Herbst 1834 starb der Landgraf Victor. Die Familie nahm nun ihren regelmäßigen Aufenthalt in dem zur Erbschaft gehörigen Corvey in Westfalen. Anfangs Juni 1837 bestanden die Prinzen Victor und Chlodwig das Abiturientenexamen. Chlodwig bezog die Universität Göttingen. Das Sommersemester 1838 studierte er in Bonn, wo er sich mit dem Prinzen Albert von Sachsen-Koburg-Gotha, dem späteren Gemahl der Königin Victoria, befreundete. In den Sommerferien machte er mit seinen Brüdern Victor und Philipp Ernst eine Schweizerreise, die in Lausanne endigte, wo die Prinzen den Winter 1838/39 verlebten. Sie hörten dort Vorlesungen an der Akademie und besuchten fleißig die Sitzungen des Grand Conseil, in denen sie, nicht ohne lebhaften Widerspruch ihres monarchischen und aristokratischen Gefühls, den Betrieb eines demokratischen Staatswesens kennen lernten. Nach einer italienischen Reise während der Osterferien, auf der er in Rom mit dem Prinzen Albert zusammentraf, bezog der Prinz im Sommersemester 1839 die Universität Heidelberg, wo er bis zum Herbst 1840 blieb. Diese drei Semester waren eine Zeit fleißiger Arbeit. „Jeden Morgen," schreibt der Prinz, „von 5 bis 10 Uhr wird gearbeitet, dann beginnen die Vorlesungen, und erst die Abendstunden sind der Erholung gewidmet." Im September 1840 folgte der Prinz einer Einladung des vor kurzem vermählten Prinzen Albert nach Windsor, nahm in Berlin am 13. Oktober an der Huldigung vor Friedrich Wilhelm IV. teil und beendigte im Winter 1840/41 seine Studien in Bonn. Von da aus bestand er im April 1341 die erste juristische Prüfung in Koblenz. Das Prüfungszeugnis rühmt die „vorzüglich guten Kenntnisse und Fähigkeiten". Nach dem Tode des Vaters im Januar 1841 waren die Brüder übereingekommen, daß der dritte von ihnen, Philipp Ernst, die Standesherrschaft Schillingsfürst übernehmen sollte, da die beiden älteren durch die Rotenburger Erbschaft versorgt und gebunden waren. Victor übernahm das Herzogtum Ratibor in Schlesien, Chlodwig das Fürstentum Corvey. Aber das Leben eines Landedelmanns konnte dem lebhaften Geiste und dem Tätigkeitsdrange des jungen Prinzen nicht genügen. So entschloß er sich für die diplomatische Laufbahn in Preußen und mußte sich, nach den für diese gegebenen Bestimmungen, zunächst einer mehrjährigen Dienstleistung bei Justiz und Verwaltung unterziehen. Die juristische Praxis übte Hohenlohe in Koblenz unter fleißiger Berufsarbeit, eifrigem Privatstudium und fröhlicher Geselligkeit vom April 1842 bis August 1843. In diesem Monat bestand er die zweite Prüfung, verbrachte den Winter in der Schweiz, Südfrankreich, Oberitalien, Berlin und Wien und begann im Mai 1844 die Tätigkeit bei der Verwaltung als Referendar der Regierung in Potsdam. Diese Tätigkeit dauerte nur ein Jahr. Im Mai 1846 starb der Fürst Philipp Ernst, und die Brüder einigten sich nunmehr dahin, daß Chlodwig auf Corvey verzichtete, der Herzog von Ratibor ihm dagegen die Herrschaft Schillingsfürst abtrat. Durch diese Wendung wurde Chlodwigs Geschick an Bayern gebunden, wo er alsbald als Mitglied der Kammer der Reichsräte in das politische Leben eintrat. Soweit ihn nicht diese ständische Tätigkeit in Anspruch nahm, lebte er fortan auf dem Schlosse Schillingsfürst. Im Jahre 1847 vermählte sich der Fürst mit der Prinzessin Marie zu Sayn-Wittgenstein-Berleburg. Bei der Feier der goldenen Hochzeit hat er in seiner Tischrede den Wert seiner glücklichen Ehe auch für sein öffentliches Leben betont. „Wenn ich diese Tätigkeit nicht gewählt hätte," sagte er, „so würde meine liebe Frau nicht Gelegenheit gehabt haben, die großen Eigenschaften ihres Charakters zu betätigen. Sie hat in diesen dreißig Jahren meiner politischen und amtlichen Tätigkeit treu zu mir gestanden, sie hat in mühsamen und ernsten Zeiten mich mit ihrem Mut und ihrem Rat unterstützt und sie hat, wenn die politischen Kämpfe auch in die gesellschaftlichen Kreise eingriffen, die da üblichen Nadelstiche mit moralischen Keulenschlägen erwidert und mir so den Weg geebnet, auf dem ich mein Ziel verfolgen konnte."

Der Eintritt Hohenlohes in die bayerische Politik fiel in die Zeit des wachsenden Einflusses der ultramontanen Partei auf die Regierung Ludwigs I. Hohenlohe muhte sich entweder dieser Richtung anschließen oder sich darauf gefaßt machen, in der Kammer der Reichsräte eine sehr isolierte Stellung einzunehmen und zugleich das Vertrauen des Hofs zu verlieren. Er brachte aus dem Elternhause eine fromme Betrachtung des Lebens mit. Aber diese Religiosität hatte den Charakter konfessioneller Duldsamkeit. Da der Vater katholisch war, die Mutter protestantisch, so waren nach der Sitte der Zeit die Söhne katholisch erzogen worden, die Töchter der Konfession der Mutter gefolgt. Bei dem festen und innigen Zusammenhalt der Familie war es Hohenlohe von frühe an selbstverständlich, daß die Zugehörigkeit zu verschiedenen Konfessionen der Einigleit in dem Innersten und Heiligsten der Religion nicht im Wege stehe. Er war seiner Kirche treu ergeben, und wenn er auch die geistigen Bewegungen innerhalb des Protestantismus mit lebhaftem Interesse verfolgte, so ist er doch nie auf den Gedanken gekommen, ihr untreu zu werden. Zur Zeit seiner Münchener Anfänge fühlte er sich noch keineswegs im Gegensatze gegen die Bestrebungen, welche den Einfluß der Kirche auf das Volksleben zu stärken suchten, und kam daher der herrschenden Partei ohne Vorurteil entgegen. Aber sehr bald wurde ihm klar, daß die Ziele der ultramontanen Partei in einer Richtung lagen, in welcher er ihr nicht folgen konnte. „Nichts ist im politischen Leben schlimmer und besser," schreibt er am 9. Mai 1846, „als jene Übergänge vom Zweifel zu festem Bewußtsein. Schlimm, weil sie am innersten Leben zehren, gut, weil sie dem Zustand des Zweifels ein Ende machen. Ich bin jetzt so weit gekommen. Wenn ich bisher noch von der sog. ultramontanen Partei gut dachte, wenn ich sie für ungefährlich hielt, so ist dieser Gedanke, der mich bisher immer im Zweifel hielt, was ich zu tun habe, gewichen. Ich sehe nun den Abgrund, in den ich durch die Politik der Jesuiten zu stürzen Gefahr lief. Die Unduldsamkeit, der Haß gegen den Protestantismus, die Idee, daß die Reformation mit allen ihren Folgen nur eine Verirrung gewesen, daß unsere philosophischen, literarischen und anderen Glanz- oder Größenpunkte nur Verirrungen des menschlichen Geistes seien, ist eine zu absurde, meinem innersten Wesen zu diametral entgegengesetzte Perfidität und eine auf eine innere Verworfenheit zeigende Korruption, als daß ich mich je entschließen dürfte und könnte, ohne mein ganzes vergangenes inneres Leben, alle meine teuersten Überzeugungen zu verleugnen, dieser Partei auch nur die geringste Hilfe zu leisten. Ich bitte Gott um Kraft, daß er die Versuchung dieser Teufelsgesellschaft, die nur auf Unterjochung der menschlichen Freiheit, und zwar der geistigen, hinarbeitet, von mir fernhalten möge, damit ich weder durch Versprechungen noch durch Drohungen irre gemacht werde, vom rechten Pfade der Wahrheit abzugehen. Dazu bedarf es eines offenen Bruches mit der ganzen Clique, den ich, sobald wie nur immer möglich, herbeiführen werde." Die bei der sonst immer maßvollen Sprache Hohenlohes auffallende Leidenschaftlichkeit dieses Ergusses zeugt von der Heftigkeit des inneren Kampfes, der der Entscheidung vorausging. Die „Unduldsamkeit, welche in der Reformation nur eine Verirrung sieht", war empörend für die Frömmigkeit, in der sich Hohenlohe mit der Mutter und den Schwestern eins wußte, und stand zugleich in einem unerträglichen Widerspruch mit seiner Geistesbildung, die in unserer klassischen Literatur wurzelte, welche er doch nicht umhin konnte, als eine „Folge der Reformation" zu begreifen. Dazu aber führte die ultramontane Politik zur entschiedensten Ablehnung des nationalen Gedankens, der ihn von früher Jugend an begeisterte. Es ist nicht nachzuweisen, daß dieser Gedanke durch irgendeine äußere Anregung in seine Entwicklung hineingetragen wäre. Wie in Bismarck der preußische Ehrgeiz, so ist in Hohenlohe der Zug zur deutschen Einheit von Jugend an ein Element seines Wesens. Der hohe Adel Deutschlands, den ein günstiges Geschick vor einer Karikatur der Souveränität bewahrt hat, ist Träger des Reichsgedankens geblieben, weil er unmöglich in einer gesellschaftlichen Vorzugsstellung seine Befriedigung finden konnte und zu viel Selbstgefühl hatte, um sich den partikularen Staatsgewalten mit innerlicher Zustimmung rückhaltlos hinzugeben. Er konnte sich nur einer Großmacht unterordnen, entweder der Kirche als Weltbeherrscherin oder einem nationalen Staate, dessen Verwirklichung erstrebt werden mußte. Aus dieser Alternative entschied sich Hohenlohes Stellung in den großen Konflikten seines Lebens. Noch im Fahre 1872 schreibt er seinem Schwager, dem Fürsten Hohenlohe-Waldenburg: „Was mich betrifft, so stehe ich auf der Seite der Waiblingen und will da stehen bis zu meinem Ende."

Bald nach Hohenlohes Eintritt in die bayerische Politik schien die Stunde der Erfüllung seiner patriotischen Hoffnungen gekommen. Mit Begeisterung beteiligte er sich an der nationalen Bewegung von 1848 in ihren vielverheißenden Anfängen. Bei der Beratung des Wahlgesetzes für das Frankfurter Parlament sagte er in der Kammer der Reichsräte: „Tief im Herzen aller Deutschen lebt der begeisternde Glaube an ein einiges, freies, kräftiges deutsches Vaterland. Dieser Glaube ist zur Tat, der Wunsch des Volkes ist zum dringenden Verlangen geworden." Daher zögerte Hohenlohe nicht, als ihn im November 1848 die provisorische Zentralgewalt mit einer diplomatischen Mission betraute. Er sollte „den Antritt des Reichsverwesers" den Höfen von Florenz, Rom und Athen notifizieren. Hohenlohe verband mit der Ausführung dieses Auftrags eine Reise nach Syrien, Palästina und Ägypten. Die Gründung einer deutschen Seemacht und deutsche Kolonialpolitik im Orient waren die Hoffnungen, die ihn auf dieser Reise erfüllten. Am 16. Januar 1849 schreibt er auf dem Berge Karmel: „Ich überzeuge mich mehr und mehr von der Notwendigkeit baldiger Zentralorganisation Deutschlands. England und Rußland machen sich hier nach Möglichkeit breit. Der Orient weiß von Deutschland nichts. Es muß ein deutscher katholischer Konsul nach Jerusalem." Rhodus, Zypern und Kandia sollten von der Türkei erworben und von Deutschland aus kolonisiert werden. Aber während der Abwesenheit des Fürsten vollzog sich die traurige Evolution der nationalen Bewegung. Am Hofe des Papstes in Gaëta erhielt er die Nachricht von der Ablehnung der Kaiserkrone durch Friedrich Wilhelm IV. Als er nach Frankfurt zurückkam, wurde ihm eine Stelle im Ministerium Gräwell angetragen. Hohenlohe lehnte ab, „da er keine Lust hatte, einem Ministerium anzugehören, das nur dazu berufen war, das Reich zu Grabe zu tragen". Im November 1849, in der Kammer der Reichsräte bekannte er sich noch einmal zu der Überzeugung, daß die Zukunft Bayerns und Deutschlands den engen Anschluß an Preußen fordere, mußte aber anerkennen, daß die große Mehrheit des bayerischen Volkes anders gesinnt sei.

Die Herrscher der deutschen Mittelstaaten, die sich im Frühling 1848, unter dem Drucke der öffentlichen Meinung, wenigstens scheinbar der nationalen Bewegung angeschlossen hatten, zogen sich von dieser zurück, sobald der Sieg über die Revolution in Preußen und Österreich entschieden war. Und die nationale Bewegung selbst war unter dem Eindruck der Erfolglosigkeit ermattet. Der Partikularismus ging siegreich aus der Prüfung hervor. Es ist begreiflich, daß bei dieser Sachlage die Anschauung aufkommen mußte, daß nur eine Revolution von oben, eine preußische Gewaltpolitik Deutschland einigen könne. Männer, welche eine solche revolutionäre Lösung verwarfen, wie Großherzog Friedrich von Baden, Roggenbach, Hohenlohe, mußten auf eine allmähliche Umbildung des Denkens und Empfindens der deutschen Souveräne hoffen, die sie zu Konzessionen im Interesse Deutschlands bereit machte. Sie mußten sich also dem Partikularismus anpassen, um überhaupt einen Einfluß im deutschen Sinne ausüben zu können. So konnte Hohenlohe als bayerischer Politiker eine Lösung der deutschen Frage erstreben, die dem bayerischen Selbstgefühl genug tat und doch die geschlossene Haltung der ganzen Nation zum mindesten dem Auslande gegenüber garantierte. Daher näherte er sich der uns heute seltsam anmutenden Triasidee, dem Gedanken eines Bundesstaats der Deutschen Mittelstaaten und Kleinstaaten unter Führung Bayerns, welcher mit Österreich und Preußen zusammen den deutschen Bund bilden sollte. Als

Motiv dieses Projekts bezeichnet Hohenlohe in einem Schreiben an die Königin Viktoria, die sich nach dem Tode ihres Gemahls durch ihn über deutsche Verhältnisse unterrichten ließ, die Unzufriedenheit der neunzehn Millionen Bewohner der Mittelstaaten und Kleinstaaten, „die sich von der Teilnahme an den Geschicken Europas ausgeschlossen sehen. Diese Bevölkerung der Mittelstaaten und Kleinstaaten Deutschlands sieht sich in dem Zustande großjährig gewordener Männer, denen die Verwaltung ihrer eigenen Angelegenheiten vorenthalten wird. Ein solcher Zustand wird auf die Dauer unerträglich". „Um aus diesem Zustande herauszukommen," heißt es in demselben Schreiben, „hat man im Jahre 1848 die sog. deutsche Einheit angestrebt. Denn diese Bewegung begann in Südwestdeutschland. Sie hat sich als unpraktisch erwiesen, da weder Österreich noch Preußen sich einer idealen Macht unterwerfen konnten. Eine Partei hat sodann die preußische Hegemonie durchführen wollen. Sie ist an dem Ablehnen des preußischen Königshauses gescheitert." Die Trias würde dem nichtpreußischen und nichtösterreichischen Deutschland zu einer Organisation und politischer Aktivität verhelfen. Hohenlohe erkannte die Schwierigkeiten des Projekts in der Abneigung der deutschen Dynastien, auf einen Teil ihrer Rechte zugunsten eines Herrscherhauses zu verzichten, sodann in dem Widerstand der süddeutschen Demokraten, welche zum Teil an der preußischen Hegemonie festhielten, zum anderen Teil republikanisch gesinnt waren und das Heil Deutschlands von einer europäischen Katastrophe erwarteten, welche die Dynastien wegfegte. Endlich waren Preußen und Österreich Gegner der Trias, Preußen, weil es an seinen Plänen einer deutschen Hegemonie und einer Vergrößerung in Norddeutschland festhielt, Österreich, weil ihm der bestehende Bund bequem war. Dennoch war die Trias nach Hohenlohes damaliger Ansicht der einzige Weg, um den Partikularismus, „der in dem deutschen Nationalcharakter seine feste Wurzel hat", mit einer ganz Deutschland umfassenden Organisation zu versöhnen. Nach seiner Meinung sollten die beiden Großmächte der tatsächlichen Lage Rechnung tragen und das bayerische Projekt begünstigen. Dadurch würde der Widerspruch der Dynastien gebrochen und die Abneigung der Demokratie unschädlich gemacht werden. „Die Großmächte würden damit die Ruhe von Deutschland und von Europa auf lange Jahre sichern, indem sie eine Hauptursache der Unruhe und Unzufriedenheit in Deutschland beseitigten." Das Projekt der Trias erklärt sich aus der tiefen Depression, welche die schwere Enttäuschung von 1848 hinterlassen hatte. Die Verwirklichung hätte auch bei wohlwollender Haltung Österreichs und Preußens an dem Selbstgefühl der Dynastien ein unüberwindliches Hindernis gefunden. Wer hätte es wagen können, dem Welsenkönig in Hannover die Anerkennung eines Vorrangs des Königs von Bayern vorzuschlagen? Es ist aber merkwürdig, daß gerade die neueste Entwicklung eine Richtung genommen hat, die eine gewisse innere Berechtigung der Triasidee annehmen läßt. Wenn schon während des Weltkriegs die „Vertiefung" des deutsch-österreichischen Bündnisses eine Erneuerung des großdeutschen Ideals bezeichnete, so ist seit dem Zusammenbruch des Habsburgerreichs der Eintritt Deutschösterreichs in eine staatsrechtliche Verbindung mit Deutschland unbedingte Notwendigkeit geworden. Ist sie doch die einzige Gewähr für die Erhaltung des nationalen Charakters der alten deutschen Lande an der Donau und in den Alpen. Die Sonderstellung Bayerns aber hat sich während des Kriegs und vollends in der Revolution nur zu deutlich kundgegeben. Auch in Hohenlohes späterer, deutscher Politik kehrt der Triasgedanke, wenn auch in veränderter Form, wieder. Gegenüber einer reinen Machtpolitik, welche die Staatskunst darauf beschränkt, die rechtlichen Konsequenzen aus der bestehenden Machtverteilung zu ziehen, hat die Trias die Bedeutung, den politischen Wert der idealen Momente anzuerkennen und die Einheit nicht auf erzwungene Subordination, sondern auf Verständigung und Gerechtigkeit zu begründen.

Die Ereignisse von 1866 brachten zunächst die Politik der Paulskirche wieder zu Ehren. Bei Beratung des Gesetzentwurfs über die an Preußen zu zahlende Kriegsentschädigung sprach die Kammer der Abgeordneten den Wunsch aus, der König wolle dahin wirken, „daß durch einen engen Anschluß an Preußen der Weg betreten werde, welcher zurzeit allein dem angestrebten Endziel entgegenführen kann, Deutschland unter Mitwirkung eines frei gewählten, mit den erforderlichen Befugnissen ausgestatteten Parlaments zu einigen, die nationalen Interessen wirksam zu wahren und etwaige Angriffe des Auslands erfolgreich abzuwehren". In der Sitzung der Kammer der Reichsräte vom 31. August 1866 trat Hohenlohe für diesen Antrag ein. „Mir scheint," sagte er, „dieser Antrag von hoher Bedeutung zu sein. Er führt uns mit einem Male mitten in die deutsche Frage und zeugt von einer Meinungsänderung des ganzen Landes von so durchgreifender Art, wie sie mir in meinem politischen Leben noch nicht vorgekommen ist." Die Rede führte aus, daß, nach dem Austritt Österreichs aus dem Deutschen Bunde und der Auflösung dieses Bundes, für Bayern nur drei Wege offen seien: die Gründung eines südwestdeutschen Bundes, die Isolierung Bayerns oder der Anschluß an Preußen. Bayern war durch den Friedensvertrag vom 22. August den Bestimmungen des Nikolsburger Präliminarfriedens vom 26. Juli 1866, soweit sie die Zukunft Deutschlands betrafen, beigetreten. Nach diesen Bestimmungen hatte Österreich die Auflösung des bisherigen Bundes anerkannt und seine Zustimmung zu einer Neugestaltung Deutschlands ohne Beteiligung des Kaiserstaats gegeben. Es hatte sich ferner verpflichtet, „das engere Bundesverhältnis anzuerkennen, das Preußen nördlich der Mainlinie begründen wollte", und sich damit einverstanden erklärt, „daß die südlich dieser Linie gelegenen deutschen Staaten zu einem Verein zusammenträten, dessen nationale Verbindung mit dem Norddeutschen Bunde der näheren Verständigung zwischen beiden vorbehalten bleibt." Der Prager Frieden vom 23. August 1366 hatte diese Bestimmungen der Nikolsburger Präliminarien aufgenommen, aber mit dem Zusatz, daß der in Aussicht genommene süddeutsche Staatenverein „eine internationale unabhängige Existenz" haben werde. Hohenlohe hielt die Gründung des süddeutschen Bundes für unmöglich, die Isolierung Bayerns für gefährlich und daher den Anschluß an Preußen für den einzig gangbaren Weg, da ein Bund mit Frankreich für die überwiegende Mehrheit des bayerischen Volkes außer Frage stand. Er wünschte sofort, vor der Feststellung der Verfassung des Norddeutschen Bundes, Verhandlungen mit Preußen anzuknüpfen, um Bayern in dem neuen Deutschland eine seiner Bedeutung entsprechende Stellung zu sichern. Wenn Preußen durch Rücksichten auf Frankreich genötigt sei, sich derartiger Vorschläge zurzeit zu enthalten, so sei dies für die süddeutschen Länder und deren Vertreter kein Grund, ihre Meinung zu verschweigen. „Ich sollte doch meinen," hieß es in der Rede vom 21. August 1866, „daß die deutsche Nation groß genug ist, zu sagen, was sie will, was sie für gut, für recht und für zweckmäßig hält für ihr eigenes Wohl, unbekümmert, was jenseits des Rheins gewünscht und gehofft wird." Bei der Abstimmung fand der Antrag der Zweiten Kammer außer Hohenlohe nur noch drei zustimmende Reichsräte. Hohenlohe mußte sich indes bald überzeugen, daß sein Vorschlag sofortiger Verhandlungen mit Preußen über den Abschluß eines Verfassungsbündnisses unausführbar war, weil Preußen aus Rücksicht auf Frankreich und wegen der bevorstehenden Verhandlungen des konstituierenden Norddeutschen Reichstags zu Unterhandlungen mit den süddeutschen Staaten zunächst nicht geneigt war. Solange diese ablehnende Haltung Preußens dauerte, konnte das gesamtdeutsche Interesse nur durch Treue gegen das gleichzeitig mit dem Friedensvertrag geschlossene Schutz- und Trutzbündnis mit Preußen und eine zur tatkräftigen Ausführung dieser Allianz erforderliche Reorganisation des bayerischen Heeres gefordert werden. Im übrigen mußte man sich darauf beschränken, eine tatsächliche Übereinstimmung nicht nur in der Heeresverfassung, sondern auch in der Gesetzgebung und den Verkehrseinrichtungen zu erstreben.

Als König Ludwig II nach vielen Schwankungen am 31. Dezember 1866 Hohenlohe zur Leitung des bayerischen Ministeriums berief, war damit die bayerische Politik im deutschen Sinne festgelegt. Der französische Gesandte in München, Marquis de Cadore, berichtete seinem Ministerium bald nach Hohenlohes Dienstantritt über eine Audienz bei dem Könige und eine Unterredung mit dem neuen Minister. Bei der Audienz hatte er die Rede auf den Krieg von 1866 gebracht und den König direkt gefragt, wie er sich im Falle eines Krieges zwischen Frankreich und Preußen stellen würde. König Ludwig hatte auf diese Frage „mehr niedergeschlagen als resigniert" geantwortet, so daß der Gesandte den Eindruck hatte, daß über Bayerns Haltung in diesem Falle noch keine Entscheidung getroffen sei. Fürst Hohenlohe aber hatte bei der Unterredung mit dem Gesandten mit voller Klarheit ausgesprochen, falls Bayern zu einer Entscheidung genötigt werde, werde es unter allen Umständen auf Seiten Preußens treten ohne Rücksicht auf die Ursache des Krieges und auf das Programm, auf das hin Frankreich den Krieg eröffne. Der Vertreter Frankreichs faßte sein Urteil dahin zusammen: Wenn man in Frankreich nicht auf die Möglichkeit einer Kooperation Bayerns bei einem Krieg mit Preußen verzichten wolle, müsse man vor allem den König von Bayern bestimmen, sich einen anderen Minister zu wählen. Gemäß dem Beschluß Hohenlohes, das Zusammenstehen ganz Deutschlands gegen den auswärtigen Feind unter allen Umständen zu sichern, mußte seine erste Absicht dahin gehen, die Reform der Heeresverfassung in den süddeutschen Staaten durchzusetzen, damit Süddeutschland seiner Bündnispflicht in vollem Maße genügen könne und ein wertvoller Alliierter Preußens werde. Diesem Zwecke dienten Verhandlungen, die Hohenlohe sofort nach Antritt seines Amts mit den süddeutschen Regierungen anknüpfte und die schon Anfang Februar 1867 in den Stuttgarter Konferenzen zu einem vollen Erfolg führten. Das Schlußprotokoll der Stuttgarter Verhandlungen vom 5. Februar 1867 bekundet den einstimmigen Willen der Regierungen, durch eine den Prinzipien der preußischen nachgebildete Wehrverfassung ihre militärischen Kräfte möglichst zu erhöhen und ihre Heere durch gleichartige Organisation und Bewaffnung zu gemeinsamer Aktion zu befähigen.

Indes war Hohenlohe nicht gesinnt, seine deutsche Politik auf die Erfüllung der Bündnispflicht zu beschränken. Er verkündete vielmehr schon am 19. Januar 1867 in der Kammer der Abgeordneten als das Ziel seiner Politik „die Anbahnung eines Verfassungsbündnisses mit den übrigen Staaten Deutschlands" und knüpfte sofort persönliche Verhandlungen mit demjenigen der deutschen Souveräne an, bei dem das Übergewicht des nationalen Gedankens über alle Bedenken der Souveränität feststand. Der Briefwechsel Hohenlohes mit dem Großherzog Friedrich von Baden aus den ersten Monaten des Jahres 1867 zeigt das eifrige Bestreben dieser beiden Vertreter des deutschen Gedankens in Süddeutschland, sich über ein gemeinsames Handeln zu verständigen. Der Großherzog ließ keinen Zweifel, daß sein letztes Ziel der deutsche Bundesstaat unter preußischer Führung war. Aber er verstand die großen Schwierigkeiten, mit denen Hohenlohe zu kämpfen hatte, und hielt es, wie er schrieb, „für vaterländische Pflicht, die Stellung des Fürsten und seinen Einfluß in Bayern zu unterstützen". So kam es Ende März 1867 zu Verhandlungen in München zwischen Hohenlohe und dem badischen Staatsrat Gelzer, an denen sich auch der württembergische Minister Freiherr von Barnbüler beteiligte. Man verständigte sich über einen Plan, welcher demnächst in Verhandlungen zwischen dem bayerischen und dem württembergischen Minister weiter besprochen und in einer „Ministerialerklärung" vom 6. Mai 1867 abgeschlossen wurde. Nach einigen von Hohenlohe konzedierten Modifikationen dieser „Ministerialerklärung" ermächtigte auch Großherzog Friedrich sein Ministerium, auf dieser Grundlage in Verhandlungen mit dem Norddeutschen Bunde einzutreten. Die süddeutschen Staaten sollten nach diesem Projekt mit dem Norddeutschen Bunde, dessen Verfassung in eben jenen Tagen festgestellt wurde, ein Verfassungsbündnis eingehen, das, wie die Verfassung des ehemaligen Deutschen Bundes, die internationale Stellung und die souveräne Selbständigkeit der einzelnen Staaten unberührt ließ. Der neue Bund sollte daher keine eigene Gesetzgebung haben. Vielmehr sollten die gemeinsamen Angelegenheiten durch Verträge und durch die Gesetzgebung des Norddeutschen Bundes und der süddeutschen Staaten erledigt werden. So gedachte man der Klausel des Prager Friedens zu genügen, welche für die süddeutschen Staaten einen besonderen Verein „mit internationaler unabhängiger Existenz" vorsah. Der neue Deutsche Bund sollte sofort eine Allianz mit Österreich eingehen. Es war dies eine Konzession an die in Bayern und Württemberg noch immer starken großdeutschen Bestrebungen, die bei Konig Ludwig so weit gingen, daß er seine Zustimmung zu dem Projekt ausdrücklich an die Bedingung knüpfte, daß die vertragsmäßige Regelung des Verhältnisses zu Österreich noch vor dem Inkrafttreten der neuen Bundesverträge erfolge. Hohenlohe hielt aber diese Allianz auch aus internationalen Rücksichten, als eine Garantie des Friedens, für geboten. In dieser Ansicht wurde er bestärkt durch Bismarck, der während des Konflikts über Luxemburg die bayerische Regierung um ihre Vermittlung ersuchte, um von Österreich für den Fall eines deutsch-französischen Krieges zum mindesten die Zusicherung der Neutralität zu erlangen.

Hohenlohe hatte sofort bei Eintritt des Konflikts auf eine preußische Anfrage die Zustimmung König Ludwigs zu der Erklärung eingeholt, daß Bayern im Falle des Kriegsausbruchs den im Allianzvertrage vorgesehenen Fall als gegeben erkennen und seine Bündnispflicht erfüllen werde. Er wünschte nun die internationale Spannung für die Ausführung seiner deutschen Pläne zu benutzen und sandte den Ministerialrat Grafen Tauffkirchen in besonderer Mission nach Berlin und Wien mit dem Auftrage, „die einer Allianz zwischen Österreich und Preußen entgegenstehenden Hindernisse zu ermitteln und, soweit möglich, zu beseitigen, eine solche Allianz im allgemeinen oder doch speziell bezüglich der Luxemburger Frage zum Abschluß zu bringen und derselben für Bayern beizutreten, dafür aber von Preußen günstige Bedingungen bei den über die Stellung Bayerns und der übrigen südwestdeutschen Staaten zum Norddeutschen Bunde zu eröffnenden Verhandlungen zu erzielen und ein Übereinkommen hierüber abzuschließen". Graf Tauffkirchen wurde in Berlin sehr gut aufgenommen, König Wilhelm sprach ihm in der anerkennendsten Weise sein Vertrauen zu der Person Hohenlohes aus. Aber in Wien war die Mission erfolglos. Der Versuch Hohenlohes hatte nur die Wirkung, der französischen Regierung Mißtrauen einzuflößen. Der französische Gesandte in Stuttgart erklärte dem Minister von Barnbüler: „Bayern wird, wenn es zum Kriege kommt und Frankreich siegreich ist, teuer, sehr teuer für diesen Schritt büßen müssen." Der württembergische Minister stellte daher für eine fernere Vertretung der Übereinkunft vom 6. Mai die Bedingung, daß bezüglich Österreichs das Wort „Allianz" vermieden werde. Es wurde darauf der minder verfängliche Ausdruck gewählt, daß eine „der Gemeinsamkeit der Nationalität entsprechende Verbindung" mit Österreich anzustreben sei.

Durch die Ablehnung Österreichs sah Hohenlohe einen wesentlichen Punkt seines deutschen Programms erschüttert. Es war dadurch die Aussicht vernichtet, die großdeutsch gerichteten partikularistischen und ultramontanen Kreise für den Anschluß an Norddeutschland zu gewinnen und den König auf dieser Linie festzuhalten. Entschieden aber wurde das Mißlingen des Projekts durch Bismarcks Vorgehen bei der Reorganisation des Zollvereins. Indem er für die Gesetzgebung über die Zölle und indirekten Steuern die bundesstaatliche Organisation entgegen dem Widerspruch Bayerns erzwang, war damit die Möglichkeit genommen, neben dem Zollverein mit seinem Zollparlament noch einen anderen gesamtdeutschen Bund nach Art des alten Bundes zu gründen. Über die Notwendigkeit und Ersprießlichkeit von Bismarcks Vorgehen wird heute kein Zweifel bestehen. Aber die eigene deutsche Politik des bayerischen Staatsmannes war dadurch gelähmt. Die folgenden Jahre bis zu Hohenlohes Sturz im März 1870 zeigen ihn in einer immer hoffnungsloseren Defensive gegen den ultramontanen und partikularistischen Ansturm auf seine Politik und seine Person. Das Werk der deutschen Einigung konnte nur in einer nationalen Krisis vollendet werden, welche die süddeutschen Staaten nötigte, von ihrer mißtrauischen Zurückhaltung abzulassen und sich offen zu der Sache des großen Vaterlandes zu bekennen. Vermutlich war dieser Gedanke eines der Motive, die Bismarck bestimmten, im Juli 1870 die Gelegenheit zu der unerläßlichen Auseinandersetzung mit Frankreich zu ergreifen. Die freudige Zustimmung der großen Mehrheit des bayerischen Volkes und seiner Vertretung, als es darauf ankam, das im August 1866 gegebene Versprechen gemeinsamer Abwehr des äußeren Feindes einzulösen, bezeichnete den Durchbruch des nationalen Gedankens, dem die geduldige und mühevolle Arbeit Hohenlohes gegolten hatte. Neun Jahre später vollzog Bismarck die österreichische Allianz, welche Hohenlohe in Erkenntnis der Unzerstörbarkeit der großdeutschen Idee in sein deutsches Programm aufgenommen hatte.

In seinen Bestrebungen für die Einigung Deutschlands hatte Hohenlohe die ultramontane Partei, zu der er seit seinem Eintritt in die bayerische Politik in scharfem Gegensatz stand, als mächtigen und nicht zu gewinnenden Gegner vorgefunden. Nationale Gesinnung war in Bayern nur bei den Liberalen zu finden. Hohenlohe hatte deshalb bei Antritt des Ministeriums den liberalen Ausbau des bayerischen Staatswesens, insbesondere in der Schulgesetzgebung, in sein Programm aufgenommen. In den Jahren vor dem Vatikanischen Konzil trat er in enge freundschaftliche Beziehungen zu dem großen Theologen, in welchem sich der Widerspruch der geschichtlichen und theologischen Bildung innerhalb des katholischen Deutschlands gegen die Erhebung der Lehre von der päpstlichen Unfehlbarkeit zum Dogma der Kirche konzentrierte. Aus dem Gedankenaustausch mit Döllinger entstand der Plan einer Gegenwirkung der katholischen Mächte gegen das Vorhaben der Jesuiten, wie sie in dem Rundschreiben Hohenlohes vom 9. April 1869 Gestalt gewann. Es ist heute, nachdem mit dem Jesuitengesetz der letzte Rest des Kulturkampfes verschwunden ist, nicht schwer, die schwache Seite der gegen den Ultramontanismus gerichteten politischen Aktion zu erkennen. Diese schwache Seite ist ihre doktrinäre, professorale Begründung, die den Kardinal Antonelli veranlaßte, gegenüber dem bayerischen Gesandten in Rom zu bemerken: „Le Prince de Hohenlohe veut faire le théologien." Dieser akademische Charakter schloß von vornherein eine starke populäre Teilnahme und damit einen politischen Erfolg aus. Die Diskussion bewegte sich auf dem Gebiete theologischer und juristischer Prinzipienfragen, welche die große Masse der Katholiken, auch der gut deutsch und vaterländisch gesinnten, nicht wirklich beunruhigen. Die Fragen, welche sich aus dem Gegensatz der modernen Staatslehre zu dem katholischen Dogma ergeben, sind ihrer Natur nach für die Theorie unlösbar. Sie finden aber ihre praktische Lösung in dem Denken und Fühlen der lebendigen Menschen, die guten Willens sind, ihrer Kirche treu zu bleiben und zugleich die Pflichten gegen das Vaterland in vollem Umfange zu erfüllen. Indessen war die Beunruhigung des gebildeten und patriotisch fühlenden Katholizismus bei der Annäherung des Konzils begreiflich genug. In dem Syllabus von 1864 hatte der Papst die Partei der schärfsten Reaktion ergriffen und alle grundlegenden Ideen des Rechtsstaats und der modernen Verfassungen verdammt. Unvermeidlich war die Frage, welche Wirkung jenem päpstlichen Verdammungsurteil dadurch beigelegt werden würde, daß päpstliche Entscheidungen auch ethischen Charakters, wenn ex cathedra verkündet, den Charakter der Unfehlbarkeit erhielten. „Die Frage von der päpstlichen Unfehlbarkeit," heißt es in dem Rundschreiben vom 9. April 1869, „reicht weit über das rein religiöse Gebiet hinaus und ist hochpolitischer Natur, da hiermit auch die Gewalt der Päpste über alle Fürsten und Völker, auch die getrennten, in weltlichen Dingen entschieden und zum Glaubenssatz erhoben wird." Als Folgen des neuen Glaubenssatzes für die Beziehungen von Staat und Kirche bezeichnet Döllinger:

1. Der Syllabus von 1864 wird eo ipso ein mit unfehlbarer

Autorität bekleidetes Glaubensdekret.
2. Der Papst bestimmt aus souveräner Autorität die Grenzen zwischen Kirche und Staat. In Gegenständen gemischter Art entscheidet einzig das unfehlbar gewordene Urteil des Papstes, von welchem dann kein Nachfolger mehr abweichen darf.
3. Die Bulle Pius IV, die jeden andersgläubigen Fürsten abzusetzen gebietet, wird Dogma,
4. desgleichen die Bulle „Unam sanctam".

In einer Rede vom 19. April 1869 bei der Verhandlung über den Entwurf eines Schulgesetzes in der Kammer der Reichsräte erinnerte Hohenlohe an die Enzyklika Gregors XVI „Mirari nos", welche die gesetzliche Sicherung der Gewissensfreiheit eine „sententia erronea et absurda", ein „deliramentum", eine irrige und absurde Meinung, einen Wahnsinn nennt, an die Enzyklika vom 8. Dezember 1864, welche die Freiheit des Kultus zu den verdammenswerten Irrtümern rechnet, endlich an die Stelle derselben Enzyklika, welche auf das bestimmteste in Abrede stellt, daß der Papst sich je mit dem Fortschritt, je mit dem Liberalismus und je mit der modernen Zivilisation versöhnen und vergleichen könne. Diese Unvereinbarkeit der politischen Lehren des Papstes, denen das neue Dogma die Sanktion geben sollte, mit den fundamentalen Prinzipien des modernen Staates war offenkundig. Eine gemeinsame Aktion der katholischen Mächte hätte vielleicht die Kurie zur Vorsicht bestimmen können. Jedenfalls wären die dem Dogma widerstrebenden deutschen Bischöfe in ihrem Widerspruch bestärkt worden und es hätte sich die Möglichkeit ergeben, dem an den deutschen Universitäten herrschenden liberalen Katholizismus die Garantie seines Bestandes und seiner ungehemmten Entwicklung zu geben.

Hohenlohes Projekt scheiterte wesentlich an dem Widerspruch des Grafen Beust, da Österreichs Mitwirkung bei einem Kollektivschritt der katholischen Mächte unentbehrlich war. Spätere Verhandlungen über ein gemeinsames Vorgehen wenigstens der deutschen Regierungen mit katholischen Untertanen verliefen auch resultatlos, obwohl Bismarck sich zur Unterstützung des Projekts bereit fand. Man muß annehmen, daß in Bayern selbst an der entscheidenden Stelle die erforderliche Energie nicht aufzubieten war. Vielmehr gewann die Kurie durch die Mitteilungen der Presse über die Verhandlungen, die sich an das Rundschreiben vom 8. April 1869 angeschlossen hatten, die Sicherheit, daß ihrem Vorhaben seitens der Regierungen kein beachtenswerter Widerstand begegnen werde. So konnte die Minorität des Konzils ohne ernste Gefahr vergewaltigt werden. Der Ausbruch des Deutsch-Französischen Krieges erleichterte den Prozeß. Das neue Reich fand das Dogma von der Unfehlbarkeit als eine Tatsache vor, mit der man sich abfinden mußte.

Hohenlohe hat sich dem neuen Glaubenssatz persönlich nicht unterworfen. Er hat es aber abgelehnt, seine Ansicht öffentlich auszusprechen und sich ebensowenig wie Döllinger den Altkatholiken angeschlossen, weil er fürchtete, „daß diese nicht da stehenbleiben könnten, wo sie standen, sondern weiter gedrängt werden würden". Auch schien es ihm den Interessen der Kirche zuwider zu sein, wenn diese durch den Austritt der Gegner der Unfehlbarkeit so viele vernünftige Menschen ohne Nutzen verliere. Er ist bei der Ansicht geblieben, daß das Vatikanische Konzil kein ökumenisches gewesen sei und daß die Zeit kommen werde, wo die Kirche selbst die Lehre von der Unfehlbarkeit des Papstes für eine Häresie erklären werde. Die katholische Kirche sollte sich nach Hohenlohes Meinung „aus sich selbst reformieren". „Das kann und wird sie nur," schreibt er im April 1871, „unter Mitwirkung ihrer Bischöfe. Diese Mitwirkung wird aber erst dann eintreten, wenn der Zeitpunkt gekommen sein wird, wo ein wahres ökumenisches Konzil zusammentritt. Ist das eine leere Hoffnung, so ist die katholische Kirche dem Untergang geweiht, und dann werden sich neue Religionsformen bilden. Vorläufig habe ich diese Hoffnung und deshalb warte ich. Deshalb bleibe ich in der Kirche, ohne zu den Ultramontanen überzugehen."

Ultramontan nennt Hohenlohe denjenigen, „welcher seine Meinungen und Handlungen durch die Instruktionen des Jesuitenordens bestimmen läßt". Die Richtschnur für das Handeln der nichtultramontanen Katholiken muß also die Bekämpfung des Jesuitenordens sein. Aus dieser Auffassung erklärt sich Hohenlohes kirchenpolitische Haltung im neuen Reiche, insbesondere sein Vorgehen gegen den Jesuitenorden in der entscheidenden Rede vom 19. Mai 1872. Es war kein Widerspruch, wenn er forderte, daß die katholische Kirche sich aus sich selbst reformieren müsse, und doch den Kampf des Staates gegen den Jesuitenorden einleitete. Denn die Reformation der Kirche schien ihm bedingt durch die erfolgreiche Bekämpfung der Jesuiten, insbesondere ihres Einflusses auf die Bildung des Klerus und der höheren Gesellschaftsklassen. Der Staat aber war nach Hohenlohes Meinung zu diesem Kampfe befugt und verpflichtet, weil die Doktrinen des Ordens mit den Grundlagen des öffentlichen Rechts in Widerspruch stehen. „Der Orden," heißt es in der Rede vom 15. Mai 1872, „hat sich die Bekämpfung des modernen Staats zur Aufgabe gestellt." „Ich will mich nicht auf die Frage einlassen, ob die Enzyklika vom 8. Dezember 1864 und der damit verbundene Syllabus eine Entscheidung des Papstes ex cathedra sei oder nicht – es ist dies eine Frage, die innerhalb der Kirche selbst kontrovers ist –, das aber wird wohl nicht bestritten werden können, daß dieser Syllabus für die Tätigkeit des Jesuitenordens und die Zielpunkte seiner Bestrebungen die Richtung gibt. Auch lassen darüber die Schriften der Jesuiten nicht den geringsten Zweifel." „Der Syllabus erklärt dem Fortschritt, dem Liberalismus und der modernen Zivilisation den Krieg, er verdammt die Preßfreiheit, die Kultusfreiheit, die Gleichberechtigung der Konfessionen und die Gewissensfreiheit als gefährliche Irrtümer. Können wir ein Institut in unserer Mitte dulden, das uns die Grundlagen unserer Existenz unter den Füßen wegziehen will?" Aus diesen Erwägungen kommt der Redner zu dem Ergebnis, daß Deutschland eines Gesetzes bedürfe, durch das der Jesuitenorden verboten wird. Dasselbe Gesetz sollte aussprechen, daß jeder Deutsche durch den Eintritt in den Jesuitenorden seine Staatsangehörigkeit verliere und daß niemand, der in einer von Jesuiten geleiteten Lehranstalt gebildet ist, im Staatsdienste oder im Kirchendienste in Deutschland angestellt werden könne. Man kann nicht wissen, welchen Erfolg die Regierung gehabt haben würde, wenn sie sich damals auf die Ausschließung des Jesuitenordens beschränkt hätte. Es ist nicht ausgeschlossen, daß ihr in diesem Falle die Zustimmung auch katholischer Kreise, Bischöfe und Laien, zugefallen wäre. Denn der Gegensatz von Jesuiten und Nichtjesuiten ist ein innerer Gegensatz innerhalb der katholischen Kirche, der, so alt wie der Jesuitenorden selbst, immer von neuem zum Ausdruck kommt. In der Schweiz wird die verfassungsmäßige Ausschließung des Jesuitenordens ohne Widerspruch der Kirche ertragen. Aber mit der Kulturkampfgesetzgebung des preußischen Staats gewann die Frage ein ganz neues Ansehen. Hohenlohe war der Meinung, daß die Opposition gegen das Vatikanum in den Kreisen der Bischöfe nach Beseitigung des jesuitischen Drucks beginnen und die Kirche sich selbst reformieren müsse. Durch die preußische Gesetzgebung aber unternahm der Staat diese Reformation im Sinne des Nationalismus, der Herrschaft des Staats über die Kirche. Damit war die Reaktion des religiösen Gefühls und des kirchlichen Gesamtbewußtseins gegen eine Ausdehnung der Herrschaft des Staats auf das Gebiet des Glaubens und der Weltanschauung wachgerufen. In diesem gewaltigen Ringen verschwanden alle innerkirchlichen Differenzen. Der Jesuitenorden erschien nunmehr nur noch als die mächtigste Waffe der katholischen Kirche in dem gegen sie eröffneten Kampfe, und seine führende Stellung in der katholischen Weltpolitik wurde durch den Kampf nur befestigt. Es war daher unvermeidlich, daß die Niederlage der Staatsgewalt im Kulturkampfe auch die siegreiche Behauptung des Jesuitenordens zur Folge hatte, und die schließliche Aufhebung des Jesuitengesetzes war nur die letzte Konsequenz eines seit bald vierzig Jahren verlorenen Prozesses. Hohenlohe hat sich in seinen späteren Jahren jeder aggressiven Politik und jeden Versuchs einer prinzipiellen Lösung des kirchenpolitischen Problems enthalten und sich immer nur bestrebt, in Personenfragen den liberalen Katholizismus zu unterstützen. Die Erfahrung hat gezeigt, daß ein weltoffenes, der modernen Bildung verständnisvoll begegnendes theologisches Denken auch nach dem Vatikanum in der katholischen Kirche noch möglich ist, und daß jede geistige Bewegung dieser Art nur geschädigt wird, wenn die politischen Machthaber sich ihr verbünden und sie durch äußere Mittel zu fördern suchen.

Auf die Periode des nationalen und dann des kirchenpolitischen Kampfes folgte in Hohenlohes Leben eine Zeit verhältnismäßiger Ruhe, die Bekleidung der Pariser Botschaft von 1874 bis 1885. Er diente in diesem Amte der Absicht der Bismarckschen Politik, welche auf die Verhütung von Reibungen und die Herstellung eines praktisch erträglichen Verhältnisses zu Frankreich gerichtet war. Seiner ruhigen Vornehmheit, seinem besonnenen und dabei wohlwollenden Wesen, seiner glänzenden Stellung in der Pariser Gesellschaft gelang es, zufriedenstellende Beziehungen zu der französischen Regierung zu erhalten. Erst nachdem Hohenlohe Paris verlassen hatte, begann mit der russischen Allianz das Wiederaufleben des Revanchegedankens.

Im Herbst 1885 wurde Hohenlohe in Elsaß-Lothringen der Nachfolger des Feldmarschalls von Manteuffel und übernahm damit eine schwere Aufgabe der deutschen Staatskunst, die von ihrer Lösung noch weit entfernt war. Manteuffel hatte den Versuch gemacht, einen raschen, wenigstens scheinbaren Erfolg zu erzielen, indem er die durch Reichtum und gesellschaftlichen Einfluß ausgezeichneten sog. Notabeln, die in dem Landesausschusse vereinigt waren, durch gesellschaftliche Liebenswürdigkeiten und Erfüllung persönlicher Wünsche sich verband, während doch gerade diese Kreise den Nährboden der französischen Gesinnung bildeten und ihren Einfluß auf die unteren Schichten der Gesellschaft in diesem Sinne ausübten. Manteuffel hatte seine Politik auf seine Person eingerichtet. Bei seinem hohen Alter schien ihm ein rascher, nach außen sichtbarer Scheinerfolg wünschenswerter als das geduldige Warten auf eine allmähliche Umwandlung der Gesinnung, die lange Zeit beanspruchte. Hohenlohe verfügte über alle Mittel gesellschaftlicher Kunst und vornehmer Lebensführung, welche die oberste Schicht der Gesellschaft gewinnen konnten, aber er war sich des geringen Werts solcher gesellschaftlichen Erfolge bewußt und hatte die Einsicht, daß die wünschenswerte Änderung in den Gefühlen der Bevölkerung gegenüber Deutschland und Frankreich nicht durch eine irgendwie geartete politische Technik herbeigeführt werden konnte, sondern sich aus einer ruhigen, ungestörten und gleichmäßigen Entwicklung von selbst ergeben mußte. So richtete er sein ganzes Interesse auf eine gute Verwaltung, die Wiederherstellung der durch Manteuffels Politik erschütterten Autorität der Behörden, die Entwicklung der Selbstverwaltung, die Gewöhnung der Bevölkerung an ein vertrauensvolles Zusammenwirken mit der Regierung und die Förderung des Wohlstandes des Landes. Er hatte nicht vergessen, was er als Referendar an der Potsdamer Regierung gelernt hatte, und wußte jede Frage mit der Geduld und Sachlichkeit eines wohlwollenden und gerechten Verwaltungsbeamten zu prüfen. Mit Hohenlohe verschwand die unruhige Hast einer steten Bemühung um den Schein. Die Förderung deutscher Sprache und deutscher Bildung war selbstverständliches, unausgesetzt verfolgtes Ziel der Regierung, aber alles Gewaltsame, alles auf den bloßen Effekt Berechnete war der schlichten Treue dieses echt deutschen Regiments fremd. Wenn Hohenlohe öffentlich sprach, so war mit der warmen Betonung vaterländischen Gefühls eine landesväterliche Güte verbunden, welche die Herzen gewann, zugleich aber eine echt liberale Gesinnung, welche alle gewaltsamen Mittel zur Umstimmung der Gemüter verwarf. Die Ansprachen auf den häufigen Reisen des Statthalters atmen eine jugendliche Begeisterung für die Naturschönheit des Landes und den Reichtum geschichtlicher Erinnerungen, wie sie uns aus Goethes Dichtung und Wahrheit anmutet. So entwickelte sich zwischen dem Lande und dessen Regenten ein warmes Vertrauensverhältnis, das ihm im Elsaß ein ruhiges und beglückendes Heimatsgefühl gab. „Wenn ich nach vorübergehender Abwesenheit hierher zurückkehre," sagte der Fürst in einer Ansprache an den Gemeinderat von Straßburg, „so erscheint mir der Münsterturm schon von weitem wie ein Gruß aus der Heimat, und es berührt mich wohltuend, wenn mich abends die Münsterglocke mit melodischem Klange gemahnt, daß ich in meinen alten Tagen ein guter Straßburger geworden bin." Diese warme Liebe zu dem schönen Lande gab Hohenlohe das rechte Wort, wenn er in kritischen Perioden aus dem Bedürfnisse des Landes heraus die Notwendigkeit entwickelte, in Elsaß-Lothringen alles zu vermeiden, was die französischen Revanchegelüste ermutigen konnte. Als im Beginne des Jahres 1887 die Boulangerbegeisterung in Frankreich ihren Höhepunkt erreicht hatte und gleichzeitig die Neuwahlen für den Reichstag bevorstanden, die unter der Parole des Septennats stattfanden, sagte Hohenlohe zu den Mitgliedern des Landesausschusses: „Je mehr in mir das Gefühl der Anhänglichkeit an dieses Land erstarkt, um so inniger durchdringt mich der Wunsch, daß Gott dasselbe bewahren möge vor jeglicher Trübsal, daß er es insbesondere behüten möge vor den Schrecknissen eines neuen blutigen Krieges. Diese Gefahr wird dann sofort uns gegenübertreten, wenn es einer unruhigen Minderheit gelingt, das sonst so friedliche und arbeitsame Volk Frankreichs zu Entschlüssen fortzureißen, die uns nötigen würden, für unser gutes Recht mit aller Energie und mit der ganzen Kraft des Reichs in die Schranken zu treten. Ist dem aber so, dann gewinnt jede öffentliche Kundgebung diesseits der Vogesen, dann gewinnen insbesondere die Wahlen eine erhöhte Bedeutung, zumal, da dieselben der Bevölkerung von Elsaß-Lothringen die Gelegenheit bieten, ihre friedliche Gesinnung zu betätigen und mitzuarbeiten an dem Wert der Erhaltung des Friedens. In der Tat wäre nichts mehr geeignet, den Frieden zu gefährden und die Kampflust jener erwähnten Minderheit anzufachen, als die Wahl von Männern, welche die Zweifel an der Dauer unseres Rechtszustandes teilen." „In jeder Session des Landesausschusses," heißt es in derselben Rede, „tritt das Verlangen hervor, es möchte Elsaß-

Lothringen in staatsrechtlicher Beziehung den übrigen deutschen Staaten gleichgestellt werden. Ich begreife diesen Wunsch, und ich teile ihn. Ich glaube auch, daß die Zeit kommen wird, wo derselbe in Erfüllung gehen kann; dann nämlich, wenn das Deutsche Reich – und ich meine damit nicht nur die verbündeten Regierungen, sondern auch die deutsche Nation – die Überzeugung gewinnen wird, daß Elsaß-Lothringen den bestehenden Rechtszustand rückhaltlos anerkennt und wenn der Protest verschwindet." Es war Hohenlohe nicht vergönnt, diesen Zeitpunkt zu erleben. Erst die Verfassung, welche das Notabelnsystem des Landesausschusses beseitigte und dem Lande eine aus dem allgemeinen, gleichen Wahlrecht hervorgehende Volksvertretung gab, hat seinen Wunsch erfüllt. Die ersten Wahlen für die Zweite Kammer des neuen Landtags brachten im ganzen Lande eine entscheidende, endgültige Niederlage des Protestes.

Unmittelbar nach Antritt seines Amtes, am 8. November 1885, schrieb Hohenlohe dem Reichskanzler, er habe bemerkt, daß im Königlichen Militärkabinett eine gewisse „kühle Stimmung" ihm gegenüber bestehe. Diese kühle Stimmung entwickelte sich mehr und mehr zu einer organisierten geheimen Gegenwirkung gegen seine Verwaltung. Im Herbst 1886 schrieb ein Berliner Vertrauter dem Fürsten, daß unter den Militärs in Elsaß-Lothringen Aufregung herrsche über die angebliche militärische Unsicherheit des Landes, und knüpfte daran den Rat, Hohenlohe möge einige „actes de rigueur" begehen, um Angriffen aus militärischen Kreisen zu begegnen. Der Fürst antwortete darauf, durch „actes de rigueur", die sich nachher als verfehlt herausstellten, werde er mehr blamiert als durch „die Anschuldigungen der Bezirkskommandeure wegen zu großer Nachsicht". Diese militärische Opposition verschärfte sich nach dem ungünstigen Ausfall der Reichstagswahlen von 1887 zu einer schweren Krisis der normalen Entwicklung Elsaß-Lothringens. Der Ansturm gegen die Person und die Stellung des Statthalters hatte nur deshalb keinen Erfolg, weil das Vertrauen Kaiser Wilhelms I. unerschütterlich war und seiner Milde und Besonnenheit der Umsturz der gesamten bisher verfolgten Politik durch den unerwünschten Ausfall einer Wahl nicht begründet erschien. Die ganze Aufregung, welche die altdeutschen bürgerlichen Kreise teilten, war sachlich nicht begründet. Wenn auch protestlerische Stimmungen stark mitwirkten, so war doch die Frage des Septennats, die Parole des damaligen Wahlkampfs, in der auch in Deutschland starke Meinungsverschiedenheiten bestanden, keineswegs geeignet, eine der Regierung ungünstige Abstimmung als Kundgebung des Protestes hinzustellen. In der breiten Masse des Volkes konnte man unmöglich sechzehn Jahre nach der Annexion einen Grad von Patriotismus erwarten, der zu jedem Opfer für die Vermehrung des deutschen Heeres bereit machte. Auch bei ruhigen und besonnenen Elsässern herrschte vielfach die Ansicht, daß gerade die fortgesetzte Steigerung der Rüstungen in den Krieg treibe und deshalb ein negatives Votum der Erhaltung des Friedens diene. Indessen hatte die chauvinistische Bewegung in Frankreich, die sich an den Namen Boulanger knüpfte, einen unverkennbaren Einfluß auf die allgemeine Volksstimmung im Elsaß geübt. Jede Annäherung der Möglichkeit eines Krieges um Elsaß-Lothringen mußte die Hoffnungen der Französischgesinnten und die geheime Propaganda für ihre Zwecke beleben. Namentlich wurde das sehr ausgebreitete Vereinsleben dafür benutzt. Die freiwilligen Feuerwehren, die Turnvereine und Musikvereine, welche die männliche Jugend der unteren Klassen umfaßten, standen unter dem Einfluß der Notabeln, welche durch ihre Geldspenden das elegante Auftreten und damit die Anziehungskraft dieser Vereine möglich machten. In dem industriellen Oberelsaß wußten die durchweg französisch gesinnten großen Fabrikanten durch die von ihnen abhängigen Beamten auf die Masse der Arbeiterschaft und des kleinen Bürgerstandes einzuwirken, ohne sich selbst zu kompromittieren. Erst das siegreiche Vordringen der Sozialdemokratie nach dem großen Streit von 1888 hat dieses System der Massenbeherrschung durch die Notabeln gestürzt. Die Gegenmittel, über welche die Regierung verfügte, waren gering: die schärfere Handhabung der Vereinspolizei, die neue Organisation der Feuerwehren, Ausweisung bedenklicher Ausländer und ähnliches. Hohenlohe entzog sich der Aufforderung zu solchen Maßregeln nicht, aber er konnte damit die prinzipiellen Widersacher seiner Stellung nicht befriedigen. Diese Opposition hatte weniger in konkreten Meinungsverschiedenheiten ihren Grund, als in einer allgemeinen Stimmung, und dieser lag eine Tatsache zugrunde, der mit Regierungskünsten nicht beizukommen war. Die gebildete Gesellschaft des Landes, welche sich durch die Annexion vergewaltigt fühlte, beharrte, auch wo sie aus wirtschaftlichen Gründen das Zusammenwirken mit der Regierung nicht verschmähte, in einer vollkommenen gesellschaftlichen Zurückhaltung. Die reichen und eleganten Häuser blieben mit vereinzelten Ausnahmen der altdeutschen Gesellschaft verschlossen. Diese Zurückhaltung erzeugte eine bittere und feindselige Stimmung. Sah man nun den Statthalter und die höchsten Beamten in freundlichem Verkehr mit denselben Männern, deren Häuser kein deutscher Offizier betrat, so entstand daraus die Vorstellung, daß die Regierungskreise das deutsche Interesse verleugneten und zum Heil des Vaterlands gestürzt werden müßten, damit eine Politik der Rache für die gesellschaftliche Abschließung der Elsässer zur Ausführung kommen könne. Solange Kaiser Wilhelm I. lebte, war diese Agitation unbequem, aber nicht bedrohlich. Im Jahre 1888 mußte Hohenlohe die Einführung des Paßzwanges über sich ergehen lassen. Wahrscheinlich hielt es Bismarck nach dem Tode Kaiser Wilhelms I. um seiner eigenen Stellung willen für geraten, einer militaristischen Pression in bezug auf die Behandlung des Elsaß nachzugeben. Die außerordentlich lästige, in das Geschäftsleben und das Familienleben tief eingreifende Maßregel mußte alle Kreise der Bevölkerung mit leidenschaftlicher Erbitterung erfüllen. Hohenlohes erster Gedanke war, die Zumutung Bismarcks zurückzuweisen, auf die Gefahr eines Konflikts. „Gebe ich jetzt nach," schrieb er, „so wende ich die schließliche Katastrophe des Militärregiments doch nicht ab, trete aber dann wenigstens mit Ehren ab." Es war besonders der Rat Großherzog Friedrichs von Baden, der ihn schließlich bestimmte, sich bei der Alternative von Demission und Nachgeben für das letztere zu entscheiden. Die Verhandlungen fielen in die letzten Wochen der Regierung Kaiser Friedrichs. Der Kronprinz hielt die Maßregel des Paßzwanges für notwendig und teilte, wie Hohenlohe schreibt, die Ansicht der Militärs, „daß man den Franzosen Übles zufügen müsse". Auch der Reichskanzler betrachtete die Maßregel lediglich als einen Schachzug gegen Frankreich. Er erklärte den Paßzwang für „ein Mittel, den Franzosen zu zeigen, daß ihr Geschrei uns nicht erschrecke und wir sie nicht zu fürchten haben". Genaue Kenner der Lage versicherten, daß Bismarck den Paßzwang nur eingeführt habe, um zu zeigen, daß er auch scharf gegen die Franzosen vorgehen könne, und dadurch der Militärpartei den Rang abzulaufen. „Die jetzigen Hetzereien," schreibt Hohenlohe in Berlin am 26. Mai 1888, „sind eine Konzession an den künftigen Kaiser und dessen militärische Ratgeber." Man kann verstehen, daß es unter diesen Umständen den Freunden des Landes vor allem darauf ankam, daß Hohenlohe auf seinem Posten verharrte und lieber die Verantwortung einer ungerechten und schädlichen Maßregel trüge, als daß er durch seinen Abgang einem Vertreter der dem Lande feindlichen Politik Platz machte. Der Erfolg hat dieser Berechnung recht gegeben. Der Paßzwang wurde allmählich gemildert und nach drei Jahren abgeschafft, und Hohenlohes Stellung befestigte sich in dieser Zeit auch bei Kaiser Wilhelm II. Der Großherzog Friedrich und die Großherzogin Luise sowie die Kaiserin Augusta waren die Fürsprecher seiner besonnenen, auf die ruhige Entwicklung des Landes berechneten deutschen Politik gegenüber den Eingebungen einer dem Lande feindseligen Stimmung, die sich in harten Gewaltmaßregeln zu entladen trachtete. Die letzten Jahre der Statthalterschaft blieben von gewaltsamen Erschütterungen bewahrt und gestalteten das Verhältnis des Fürsten zu dem Lande immer glücklicher und vertrauensvoller. Das zeigte sich besonders bei seinem Scheiden im Herbst 1894. Auf die herzlichen Bezeugungen der Sympathie der Bevölkerung sagte der Fürst: „Was ich in diesen Tagen hier erlebt habe, ist die größte Auszeichnung, die einem im öffentlichen Leben wirkenden Manne zuteil werden kann. Ich bin stolz darauf und werde die Erinnerung daran als den schönsten Lohn eines arbeitsreichen Lebens bis an mein Ende im Herzen tragen."

Die Übernahme der Reichstanzlerschaft war, wie Bismarck sich ausdrückte, eine Ehrenpflicht, der sich der fünfundsiebzigjährige Staatsmann nicht entziehen konnte. Ein hoher Beamter des Auswärtigen Amtes schrieb ihm damals: „Euer Durchlaucht stehen vor einer großen patriotischen Aufgabe. Ich weiß nicht, wer außer Ihnen die jetzigen Gefahren beschwören kann. Ihr Name, Ihre Vergangenheit flößt ein Vertrauen ein, über das, vom Fürsten Bismarck abgesehen, kein deutscher Staatsmann verfügen kann." Es war nach den schweren Konflikten der letzten Jahre schon eine Beruhigung der öffentlichen Meinung, daß die Leitung der deutschen Politik in die Hände eines Mannes gelegt wurde, der das volle Vertrauen des Kaisers besaß und dem zugleich Bismarck „seine Freude und Genugtuung" bei seinem Amtsantritt aussprach. Die Ruhe und Besonnenheit Hohenlohes, seine vollendete Kunst des Umgangs mit Souveränen und Staatsmännern war von hoher Bedeutung für die Erhaltung des Weltfriedens, namentlich die Verbesserung der Beziehungen zu Rußland. Für die Sicherung der Machtstellung Deutschlands wirkte er aus eigenster Überzeugung durch das Eintreten für die Bedürfnisse der deutschen Flotte, der die Begeisterung seiner jungen Jahre gegolten hatte. Die heftigen Gegensätze der inneren Politik konnten keine persönlichen Tugenden überwinden. Aber es gelang Hohenlohe, bei wichtigen Differenzen durch entschiedenes Eintreten für die Prinzipien des Liberalismus, in der Frage der Militärstrafprozeßordnung und des Vereinsgesetzes, eine Verständigung der Regierung mit dem Reichstage herbeizuführen. Die volle Einsicht in die Arbeiten und Kämpfe der Reichstanzlerschaft wird erst dann möglich sein, wenn der dritte Band der „Denkwürdigkeiten" vorliegt. Man wird dann besser als heute ermessen, wie Hohenlohe sich auch in der letzten Periode seines Lebens, wenn nicht in schöpferischen Akten, so doch in der Hinderung schwerer Mißgriffe und nachhaltiger Störungen des öffentlichen Vertrauens um das Vaterland verdient gemacht hat.

Als Hohenlohe das Amt des Reichskanzlers übernahm, war er 75 Jahre alt. Unausgesetzte harte Kämpfe, nicht mit der Volksvertretung, aber mit den Vertretern entgegengesetzter Tendenzen und persönlichen Widersachern, erschöpften die Kräfte des greisen Staatsmannes. Dennoch war es nicht eigentlich das Versagen der Kraft, das ihn im Oktober 1900 bestimmte, sein Amt niederzulegen, sondern die bei dem Einundachtzigjährigen begreifliche Unlust, seine Stellung in stetem Kampfe zu behaupten. Entscheidend war die Überzeugung, die sich ihm aus verschiedenen Beobachtungen aufdrängte, daß ein Wechsel in der Person des Reichskanzlers „dem Kaiser nicht unangenehm sein würde". Die tatsächliche Leitung der großen Politik war in der letzten Zeit mehr und mehr in die Hände des damaligen Staatssekretärs des Auswärtigen Amts übergegangen, und man kann es begreifen, wenn dieser den Zeitpunkt gekommen glaubte, wo er beanspruchen konnte, nun auch den Namen und die Würde des Reichskanzlers zu führen. Hohenlohe sagte mir bald nach seinem Abschiede: „Wenn man zu zweien auf einem schmalen Pfade durch einen Wald gehen muß, so ist das schwierig, aber es läßt sich machen. Wenn aber noch ein Dritter dazu kommt, so wird die Sache unmöglich." Es entsprach Hohenlohes Natur, dah ihm eine friedliche Lösung dieser Spannung erwünscht war, und er mochte der öffentlichen Wirksamkeit um so eher entsagen, als die Muße keineswegs Müßiggang bedeuten sollte.

Ein durch vielseitige Bildung genährtes produktives Bedürfnis seines Geistes hatte Hohenlohe im Verlaufe langer Geschäftstätigkeit nur gelegentlich in Mußestunden befriedigen können. In der Jugend war eine lebhafte poetische Empfindung in lyrischen Versuchen zu Worte gekommen, so daß er sich selbst einen „verdorbenen Poeten" nannte. Die Liebe zur Poesie ist ihm bis ins hohe Alter geblieben.

Die Gattin seines jüngsten Bruders Konstantin erzählt, wie er auf einer Gemsjagd die ihm zugetriebenen Gemsböcke verpaßte, weil er ihr Gedichte rezitierte. Bei Erlebnissen, die ihn tief bewegten, wie dem Tode seiner Tochter Stefanie, wußte er für seine Empfindung einen ergreifenden poetischen Ausdruck zu finden. Auch als Politiker hatte Hohenlohe das Bedürfnis, seinen Gedanken eine stilgerechte Form zu geben. Es befriedigte ihn, gelegentlich Journalist zu werden und in geistreichen, von feiner Ironie gewürzten Aufsätzen seinen Widersachern entgegenzutreten. Mehr und mehr wurden die eigenen Erlebnisse in seiner politischen Tätigkeit der Stoff, den sein Geist auch literarisch zu gestalten suchte. So entstand der Wunsch, am Ende der amtlichen Wirksamkeit, was er in langen Jahren in Mußestunden aufgespeichert hatte, zu einem Gesamtbilde seines Lebens zu gestalten und dieses Bild der Zeitgeschichte als ein würdiges Vermächtnis dem deutschen Volke zu hinterlassen. Die Ausführung dieses Vorhabens war dem Fürsten nicht beschieden. Am 31. März 1901 hatte er mich aufgefordert, ihm bei der Sichtung des Materials und der Redaktion des Werks behilflich zu sein und zu diesem Zweck im Sommer nach Schillingsfürst zu kommen. Am 6. Juli endete sein Leben in Ragaz. Hohenlohe hatte aber die Herausgabe seiner Denkwürdigkeiten auch für diesen Fall gesichert, indem er seinem Sohne, dem Prinzen Alexander, die Verfügung über seinen schriftlichen Nachlaß übertragen und dessen Zustimmung zu der Fortdauer des mir erteilten Mandats festgestellt hatte.

Die Art, wie der letzte Wille des Fürsten ausgeführt wurde, ist hier nicht zu vertreten, da sie nicht sein Werk war. Wohl aber gehört zum Charakterbild des Menschen und des Staatsmannes, daß diese Publikation, und zwar nicht nach fünfzig Jahren, sondern gleich nach seinem Ausscheiden aus dem Staatsdienst, sein Wille gewesen ist. Er hielt offenbar die Einsicht der gebildeten Kreise in den Werdegang der politischen Ereignisse für ein Mittel zur Förderung der politischen Bildung und Urteilsfähigkeit und wollte für die Überzeugungen, die sein Leben beherrscht haben, nach seinem Scheiden aus dem Amte als Schriftsteller öffentlich eintreten. Vor allem war es das natürliche Verlangen einer ausgesprochenen literarischen Begabung, das die allmähliche Vorbereitung des Werks und endlich den Entschluß zu seiner Vollendung hervorgerufen hat. Scharfe Beobachtung, lebendige Wiedergabe und eine wahrhaft künstlerische Gestaltungskraft geben den Denkwürdigkeiten, soweit sie von Hohenlohe selbst geschrieben sind, einen hohen Rang in der zeitgeschichtlichen Literatur. Die Darstellung von gesellschaftlichen Zuständen, Landschaften, Persönlichkeiten und geschichtlichen Vorgängen ist durchweg wahrheitsgetreu, ohne jede Tendenz und dabei von einer höchst reizvollen Anmut der Form. Man lese z. B. die feinsinnige und liebevolle Schilderung der römischen Gesellschaft im Jahre 1856, die Reise nach England von 1859 mit der fesselnden Darstellung des damaligen englischen Hofes, die Jagdausflüge in Litauen, die in ihren stimmungsvollen Naturschilderungen an Turgenjews „Skizzen aus dem Tagebuch eines Jägers" erinnern, dann wieder mehr humoristische Erlebnisse, wie der Empfang des Sultans in Nürnberg im Juli 1867, vor allem die glänzende Darstellung des Berliner Kongresses von 1878, welche Bismarck und mit ihm Deutschland auf der Höhe seiner europäischen Machtstellung verewigt, und man wird begreifen, daß einer solchen literarischen Begabung die Darstellung der eigenen Erlebnisse ein Bedürfnis sein mußte. Es war ein schöpferisches Verlangen, was die Entstehung der „Denkwürdigkeiten" hervorgerufen hat, nicht das bei verabschiedeten Staatsmännern so häufige Bestreben, die eigenen Taten vor der Nachwelt zu vertreten, und ebensowenig der Wunsch einer tendenziösen Einwirkung auf die öffentliche Meinung. Bismarcks „Gedanken und Erinnerungen" sind ein Werk aktiver Politik, die literarische Fortsetzung der Kämpfe, die sein Leben erfüllt haben. Der Leser soll die Vergangenheit so sehen, wie sich diese dem Verfasser in der leidenschaftlichen Erregung des politischen Streits darstellte. Daher die hinreißende Kraft der Darstellung, die den Leser überwältigt, so daß er sich erst sammeln und besinnen muß, um dann einzusehen, daß das Werk als Geschichtsquelle nur mit Vorsicht zu benutzen ist. Hohenlohe, der niemals in dem Maße wie Bismarck im politischen Kampfe aufgegangen war, wollte am Schlusse seiner Laufbahn in reiner, durch keine Leidenschaft getrübter Anschauung sein Leben und seine Zeit betrachten und ein lebendiges, wahrheitsgetreues Bild hinterlassen. So sehr man bedauern muß, daß der Einundachtzigjährige für die Erfüllung dieses Wunsches zu früh gestorben ist, so sind doch die „Denkwürdigkeiten" durch die Fülle dessen, was von Hohenlohes Feder herrührt, ein Quellenwerk von hervorragender Bedeutung und eine Einführung in die deutsche Politik des 19. Jahrhunderts, die ihnen den Anspruch gibt, ein wahres Volksbuch zu werden.

Als Hohenlohe meine Dienste für die projektierte Arbeit in Anspruch nahm, wandte ich ein, daß ein Historiker, dessen Spezialfach die neueste Geschichte wäre, für die Zwecke des Fürsten tauglicher sein dürfte. „Nein," erwiderte er, „ich habe Sie gewählt, weil Sie meine, die idealistische, Weltanschauung teilen." Dieses Bekenntnis scheint mir wichtig, nicht nur für das Verständnis der Absicht, welche Hohenlohe mit der Publikation verfolgte, sondern auch für seine Stellung in der deutschen Einheitsbewegung und sein Verhältnis zu Bismarck. Er hat dieser seiner Lebensauffassung auch öffentlich gern Ausdruck gegeben. In einer Straßburger Rede zitierte er ein Wort seines Freundes Döllinger, daß „zuletzt nicht materielle Interessen und Leidenschaften die Welt bewegen und in der Geschichte der Menschheit die Entscheidungen herbei führen, sondern die großen Gedanken". In einem Trinkspruch auf Windelband als Rektor der Straßburger Universität pries er den Philosophen, für den die „veritates aeternae" kein überwundener Standpunkt seien und der in der Jugend die ideale Weltanschauung lebendig halte, ohne die das Leben keinen Wert habe. Und bei dem Festmahl zum Jubiläum der preußischen Akademie der Wissenschaften sagte der Achtzigjährige: „Ich bin alt geworden in dem Glauben an den Fortschritt der Menschheit, an den aufsteigenden Fortschritt. Nun gestehe ich, daß mein Glaube in den letzten Jahren etwas erschüttert worden ist. Der naturnotwendige Kampf ums Dasein hat in neuerer Zeit eine Richtung, eine Form angenommen, die an Vorgänge in der Tierwelt erinnert und die einen Fortschritt in absteigender Linie befürchten läßt." Hohenlohe dachte dabei an die wirtschaftlichen Kämpfe, welche ihm damals schwere Stunden bereiteten, wie er denn auch gelegentlich den Frieden seiner Jugend pries, „wo es noch keine Agrarier und keine Sozialdemokraten gab". Aber er hatte schon lange eine peinliche Empfindung von einem Rückgang der durchschnittlichen Geisteskultur in Deutschland. Nach einem mit großem Aufwand ausgestatteten Ballett im Berliner Opernhause schrieb er 1869: „Wenn man sieht, wie solche Sachen bewundert werden, so überschleicht einen das wehmütige Gefühl, daß die Menschheit zurückgeht." Die Wahrnehmungen, die solche Äußerungen veranlaßten, waren Symptome der Einwirkung der Revolution von 1866 auf das deutsche Geistesleben. Der Idealismus, zu dem sich Hohenlohe bekennt, fordert, daß auch die Politik sich einer Gesamtanschauung von Welt und Leben anpasse und die aus dieser sich ergebenden Werturteile für sich gelten lasse. Er ist das Gegenteil einer Politik, die sich „Realpolitik" zu nennen pflegt, deren Wesen aber darin besteht, daß sie das politische Handeln aus dem Gesamtbereiche des menschlichen Handelns aussondert und für dieses Gebiet nur das Streben nach Macht, deren Gewinn, Befestigung, Ausbreitung und Vermehrung gelten läßt. Diese materialistische Politik konstituiert ein Reich, das gewissermaßen in der Mitte liegt zwischen der Natur, in der nur Kraft und Stoff wirken, und der Welt des Geistes, in welcher der sittliche Zweck das vernünftige Handeln bestimmt. Die Politik ist dann bewußtes menschliches Handeln nach Analogie der Naturprozesse, bewußte Unterstellung des menschlichen Denkens und Wollens unter die Herrschaft des Triebs. Der innere Widerspruch dieses Verhältnisses ist so stark, daß die sog. Realpolitik immer nur als eine Übergangserscheinung begriffen werden kann, die dann eintritt, wenn infolge eines gewaltsamen Umsturzes ein Vakuum in der Welt der Ideen entstanden ist, indem eine zeitlich bedingte Weltanschauung unzeitgemäß geworden ist, ohne daß eine neue an ihre Stelle getreten wäre.

Aus der Geistesbewegung der Freiheitskriege waren zwei verschiedene Gedankenrichtungen hervorgegangen, die konservative und die liberale, die sich beide mit einem gewissen Recht auf diesen Ursprung beriefen. Die Freiheitskriege brachten die Wiederherstellung des Vergangenen, das die Revolution abgetan zu haben glaubte. Daher boten die Ereignisse die Grundlage einer konservativen Weltanschauung. Ihr Grundzug war die Wiederherstellung des durch die Aufklärung untergrabenen alten Kirchenglaubens und einer dementsprechenden Ethik, die das ganze Gebiet des menschlichen Handelns umfaßte. Daraus folgte eine Staatslehre, welche die willige Unterordnung unter die bestehenden Gewalten und die Wahrung des Rechts im Verhältnis der Staaten zueinander forderte, das Recht der Völker auf Selbsthilfe verwarf und damit die Aussichtslosigkeit der durch den Wiener Kongreß verworfenen nationalen Aspirationen besiegelte. Dieser alte Konservatismus hatte die Kraft und die Wärme eines religiösen Glaubens. In den politischen Ideen der Gebrüder Gerlach und später Stahls lebt ein Geist, dessen Echtheit und Tüchtigkeit auch derjenige empfindet, den seine praktischen Konsequenzen zu entschiedenem Widerspruch reizen. Der junge Bismarck hatte sich dieser Weltanschauung mit der ganzen Kraft seines leidenschaftlichen Gemüts hingegeben. Er hoffte es zu erleben, „daß das Narrenschiff der Zeit am Felsen der christlichen Kirche scheiterte". Das war sein Bekenntnis beim Eintritt in das politische Leben, in dem er sich gegen die nationale Bewegung von 1848, auch gegen den preußischen Versuch ihrer Wiederaufnahme in monarchischem Geiste radikal ablehnend verhielt. Er begann seine Tätigkeit am Bundestage als Freund und Gesinnungsgenosse Leopolds von Gerlach und Vertreter einer Politik, die die Erhaltung des bestehenden Rechts als eine Forderung des christlichen Glaubens vertrat. Aber in den Reibungen mit den österreichischen Anmaßungen am Bundestage erwachte in ihm das preußische Selbstgefühl und steigerte sich zu dem Entschlusse der Wiederaufnahme der Politik Friedrichs des Großen. Damit war der Bruch mit der konservativen Weltanschauung vollzogen. Friedrich der Große ist Freigeist gewesen. Ein Staatsmann, der friderizianische Politik treibt, kann nicht im Sinne der älteren konservativen Anschauung fromm sein. Die Politik Bismarcks, die mit der Revolution von 1866 zur Vollendung kam, ist die schärfste Verleugnung der alten konservativen Grundsätze. Er hat die Partei, der er angehörte, als Vertretung einer Weltanschauung vernichtet. Was von dieser Partei übriggeblieben ist, ist die Vertretung wirtschaftlicher Interessen und die Behauptung der maßgebenden Stellung des Junkertums im preußischen Staatswesen. Das zeigt sich in der Tatsache, daß die konservative Partei seit Stahls Tod keinen produktiven politischen Denker hervorgebracht hat. Es gibt keine konservative Weltanschauung mehr. Daher bekennen sich die Politiker, die das Klasseninteresse der ehemals im idealen Sinne konservativen Kreise vertreten, heute zu der sog. Realpolitik und verehren in der Macht als solcher die Gottheit der Politik. Bismarck aber war so viel größer als seine Partei, daß er die Unentbehrlichkeit politischer Ideale erkannte und durch dieselbe Entwicklung, die ihn zum Bruch mit seinen alten Freunden führte, zur Annäherung an den Idealismus der Liberalen genötigt wurde.

Die Erhebung Preußens gegen Napoleon ließ sich nämlich noch aus einem anderen Gesichtspunkte betrachten als dem der Restauration. Sie war, ehe die Regierung sich zu ihr bekannte, eine Volksbewegung. Zum ersten Male in der deutschen Geschichte trat hier das Volk als handelnde Person auf, drängte den bedenklichen, zaudernden Herrscher und stand mit gesammelter Kraft hinter den Feldherren und Staatsmännern, welche den Entscheidungskampf leiteten. Aus diesem Geschehen entstand ein neuer politischer Idealismus, welcher in der Darstellung und Vollendung der Volkspersönlichkeit das Ziel der Politik sah. „Ein ganzes Volk," schreibt Hohenlohe im Jahre 1862, „dessen einzelne Stämme, verbunden durch gemeinsame Sprache und Literatur, bewegt durch gleiche Interessen, infolge der erleichterten Verkehrsmittel mit jedem Tage in immer engere Verbindung treten, wird auf die Dauer einen Zustand staatlicher Zersplitterung nicht ertragen, der es zum Spielball fremder Intrigen und zum Spott fremder Nationen macht." Die klassische Zeit unserer Literatur hatte eine Einheit des Geistes in der Bildung der Nation geschaffen. Jetzt verlangte dieser Geist nach einem Körper. Nicht die Masse, aber die Bildungsschicht. Führer der Bewegung waren die Universitäten, deren Jugend, vom Schlachtfelde in die Hörsäle zurückgekehrt, den Glauben an ihre Ideale durch ein hartes Martyrium bewährt hatte. Hohenlohes Freund war August von Binzer, der Dichter des Glaubensliedes der Burschenschaft: „Wir hatten gebauet". Aus der geistigen Bewegung an den deutschen Universitäten ist das nationale Ideal der deutschen Einheit entstanden. In dem Frankfurter Parlament saßen die hervorragendsten Gelehrten Deutschlands, denen die begeisterte Verehrung der akademischen Jugend und die Hochachtung der ganzen Bildungsschicht gehörte, und zehn Jahre nach der großen Enttäuschung wurde die Schillerfeier von 1859 eine mächtige Manifestation des Einheitsgefühls der Nation und ihrer ungebrochenen Hoffnung. Hier war eine neue Weltanschauung, welche, aus der deutschen Bildung geboren, nach dem deutschen Staate verlangte, eine Einheit von Denken und Streben, die gebieterische Forderung einer neuen Politik, die in dem deutschen Geiste wurzelte. Dieser neue Idealismus war besonders in den deutschen Mittelstaaten und Kleinstaaten zu Hause. Österreich war ein nur zum kleineren Teile deutscher Staat, in welchem der Absolutismus jede Regung des neuen Geistes niederhielt. Preußen war allerdings nach Hohenlohes Ansicht der natürliche Verbündete des Liberalismus. Es war seine Aufgabe, „den Protestantismus in seiner weitesten Bedeutung – die Entwicklung des menschlichen Geistes innerhalb der gesetzlichen Sphäre – zu befördern". Aber in den herrschenden Kreisen Preußens war das nationaldeutsche Gefühl gebunden durch die stolzen Erinnerungen eines historischen Sonderlebens, das seinen eigensten Charakter nicht durch den nationalen Gedanken, sondern durch den Ehrgeiz und die Genialität großer Herrscher empfangen hatte. Daraus erklärt sich Hohenlohes Vorliebe für die dritte Gruppe der Deutschen und die besondere Färbung, welche die Einheitsidee zwischen 1848 und 1866 bei ihm nahm, das Verlangen nach politischer Sammlung der 19 Millionen Deutscher, die weder Österreicher noch Preußen waren. Deshalb war Hohenlohe von seiner Jugend an der Verbündete des süddeutschen Liberalismus. Der Liberalismus war nicht, wie Stahl lehrte, der Geist des Umsturzes in seiner mildesten, wenigst gefährlichen Form, sondern das politische Ergebnis der deutschen klassischen Bildung. „Ich bin der Ansicht Wilhelms von Humboldt," schreibt der dreiundzwanzigjährige Hohenlohe, „daß das hauptsächliche Streben des Menschen dahin gehen muß, sich als Individuum auszubilden und nach Vollkommenheit zu ringen, um durch das, was er geworden ist, auf andere zu wirken und so Nutzen zu stiften." In Wilhelm von Humboldts Briefen an eine Freundin findet er „seine eigenen Gedanken auf jeder Seite". Geistige Tätigkeit macht allein glücklich, auch die Ehe ist Mittel zur Veredelung der Natur des Mannes – in solchen Äußerungen bekundet sich das Lebens- und Bildungsideal unserer klassischen Literatur. Ein Mensch, der den Wilhelm Meister mit Verstand gelesen und seinen Geist in sich aufgenommen hat, kann unmöglich das Ziel der Bildung darin finden, sich einer politischen Organisation mit ihren Machtbestrebungen rückhaltlos hinzugeben, so daß das eigene innere Leben nur die Reproduktion des Geistes ist, der die Korporation beherrscht. Egalisierung und Uniformierung des Geistes ist das Streben des Junkertums und des Militarismus. Die Erziehung für diesen Zweck ist neben dem Heeresdienst das Korpsleben auf den Universitäten mit seiner einseitigen Ausbildung in der Fechtkunst bei Zurückweisung der Mittel zu historischer und philosophischer Belehrung, welche die Universität der Jugend bietet. Es ist ein klug erdachtes Mittel, die Jugend der höheren Stände während der unvermeidlichen und aus Gründen des Lebensgenusses auch erwünschten akademischen Lebensperiode vor der Ansteckung durch den Geist der deutschen Universitäten zu bewahren. Hohenlohe hielt sich als Student von den Korporationen, in denen der niedere Adel seine Zusammengehörigkeit und seine Lebensanschauung betätigt, fern und verwandte seine Zeit zu ernstem Studium, seine Muße zum Verkehr mit Standesgenossen, aber auch mit bürgerlichen Studiengenossen. Ein ausgesprochenes Standesgefühl hat er nie verleugnet. In Koblenz inmitten der Fröhlichkeit der jungen Juristen erinnert er sich in seinem Tagebuch an die Zurückhaltung, die ihm sein Rang zur Pflicht macht. Den Winter 1856/57 verlebte er in Rom mit der besonderen Absicht, wie er schreibt, die Sonderstellung der Mediatisierten in dem Zeremoniell des päpstlichen Hofes zur Geltung zu bringen. Aber die ruhige Sicherheit dieses Standesgefühls erzeugte die echte Vornehmheit, welche ein hochmütiges Herabsehen auf andere Kreise der Gesellschaft ausschließt und dem Fürsten die Möglichkeit gab, dem gebildeten Bürgerstande im geschäftlichen und gesellschaftlichen Verkehr nahe zu kommen und die Bestrebungen dieser Gesellschaftsklasse zu verstehen und zu vertreten. Infolge der gleichen Bildung fühlte er sich ihnen näher als den preußischen Junkern. Darauf beruht der Einfluß, den Hohenlohe zuerst in Bayern und später in Berlin in den Kreisen der liberalen Politiker ausübte, das starke Vertrauen, das er in allen nicht ultramontanen Kreisen Süddeutschlands genoß. Er war gern und mit Freudigkeit Parlamentarier und bildete eine Zierde des Deutschen Reichstags in einer Zeit, in welcher dieser an großen Talenten und ausgezeichneten Rednern reich war. Das Zollparlament und dann der Reichstag wählten ihn zum Vizepräsidenten. Hohenlohe war als Mitglied des hohen Adels und bayerischer Reichsrat doch der anerkannte Vertrauensmann des gesamten süddeutschen Liberalismus.

Wenn Bismarck in seiner Frankfurter Zeit von den Berliner Freunden schonende Vorwürfe hören mußte, weil es ruchbar wurde, daß er in Frankfurt mit Liberalen verkehrte, so verteidigte er sich mit der Bemerkung, er halte es mit den Liberalen, wie es die Könige von Frankreich mit den Protestanten gehalten hätten, die sie im eigenen Lande verfolgten, im Auslande aber begünstigten. Er wußte, daß die Ziele der preußischen Politik in Deutschland nicht restlos zu erreichen waren ohne die Mitwirkung des öffentlichen Geistes in den kleineren Staaten, die schlechterdings nur bei den Liberalen zu erwarten waren. Daher wandte er sich im Frühling 1866 an Treitschke, um ihn für die publizistische Vertretung seiner Politik zu gewinnen. Hohenlohe aber hatte aus den Erfahrungen von 1848 gelernt, daß das Ziel der nationalen Einigung auf dem Wege einer Propaganda der Ideen nicht zu erreichen war, daß vielmehr die entgegenwirkenden Kräfte des Beharrens durch eine überlegene Macht überwunden werden mußten. Der preußische Ehrgeiz war in seinem innersten Wesen undeutsch, mehr noch als der süddeutsche Partikularismus. Er war die Quelle militaristischer Verhärtung, einer tiefgehenden Entfremdung von den Idealen der deutschen Weltanschauung. Aber in ihm war die Kraft des Willens verkörpert, welche die schwersten Hindernisse zu zerbrechen vermochte. Hohenlohe mußte sich um seiner politischen Ideale willen mit dem genialen Vertreter der preußischen Machtpolitik verbünden. Er wußte die Konsequenz dieses Bündnisses zu tragen, auch wo es seine eigensten Gedanken störte. So wurde seine Idee einer mehr föderalistischen Neugestaltung Deutschlands durch Bismarcks rasches Vorgehen bei der Reorganisation des Zollvereins im Keime erstickt. Aber der Einheitsgedanke war ihm so sehr Hauptsache, daß persönliche Mißerfolge ihn niemals in die Opposition treiben konnten. An seinem achtzigsten Geburtstage hat Hohenlohe seine Stellung zu Bismarck mit den Worten bezeichnet: „Ich war schon vor fünfzig Jahren ein Vorkämpfer der deutschen Einheit und habe treu mitgearbeitet, wenn auch gewissermaßen nur als ständiger Hilfsarbeiter." Man kann auch sagen: Der deutsche Geist, die deutsche Bildung war der Mitarbeiter an der Ausführung des Plans, den der preußische Ehrgeiz gebildet und die preußische Waffenmacht ausgeführt hat. Ein solches Zusammenwirken voll Macht und Geist ist das Kennzeichen aller produktiven Perioden der geschichtlichen Entwicklung.

Es wäre wunderbar, wenn in der Arbeitsgemeinschaft zweier so grundverschiedener Naturen wie Bismarck und Hohenlohe nicht auch Meinungsverschiedenheiten vorgekommen wären, die das Einvernehmen vorübergehend trübten. Man hat es der Redaktion der „Denkwürdigkeiten" verdacht, daß solche Züge nicht unterdrückt worden sind. Mir scheint, daß es der politischen Bildung nicht förderlich ist, wenn die Darstellung der Zeitgeschichte an den führenden Persönlichkeiten die Ecken und Kanten abschleift, so daß sie nur noch Typen werden, nicht mehr lebendige Menschen mit „ihrem Widerspruch". Es gibt sehr wenige Bücher, die von Bismarcks Persönlichkeit, von der in jeder Situation, in jedem Worte sich aussprechenden Genialität ein so eindrucksvolles, auf reiner Anschauung beruhendes Bild geben, wie Hohenlohes „Denkwürdigkeiten". Wenn sein ganzes Bestreben in seiner Amtsführung darauf gerichtet war, mit Bismarck zu harmonieren, seine Arbeit zu unterstützen, Gegenwirkungen unschädlich zu machen, so ist es höchst begreiflich, daß er Meinungsverschiedenheiten schmerzlich empfand und in solchen Fällen in seinen Aufzeichnungen auch seinem Unmut Luft machte. Nur sehr minderwertige Verehrer des großen Mannes können verlangen, daß man an seine Unfehlbarkeit glaube. Das Verhältnis Bismarcks zu Hohenlohe, wie es der klassische Brief vom 1. Januar 1878 darstellt, ist durch gelegentliche Differenzen nicht getrübt worden. „Bismarck weiß von mir," schreibt Hohenlohe, „daß ich ihn nicht betrüge," und im Kreise seiner Familie hat Bismarck Hohenlohe als den einzigen Menschen bezeichnet, auf den er sich verlassen könne. Als Hohenlohe am Tage des fünfundzwanzigjährigen Bestehens des Bundesrats, dem 21. März 1896, Bismarcks gedachte, nannte er es „einen schönen Zug im Charakter des deutschen Volks, daß es dem Manne unentwegt treue Verehrung entgegenbringt, der sein Leben eingesetzt hat, um die seit Jahrhunderten unbefriedigte Sehnsucht der deutschen Nation zu erfüllen". Am folgenden Tage schrieb ihm Bismarck: „Ew. Durchlaucht bitte ich für die wohlwollende und ritterliche Kundgebung, durch die Sie meiner bei der gestrigen Feier gedacht haben, den verbindlichsten Ausdruck meines Dankes entgegennehmen zu wollen." An dieser authentischen Feststellung des Verhältnisses beider Männer dürfte auch die Nachwelt sich genügen lassen. Mit Bismarcks Scheiden aus dem Amte hatte die überlegene Führung der Reichsgeschäfte, welche die Gegensätze zur Harmonie zu zwingen wußte, ihr Ende erreicht. Hohenlohe fühlte sich nach den bitteren Erfahrungen der Reichskanzlerschaft am Ende seines Lebens mehr denn je als Süddeutscher und Liberaler. Bei einer Serenade in Wildbad im Juli 1897 dankte er „für den gemütlichen Gruß, den die süddeutschen Landsleute dem süddeutschen Reichskanzler" darbrachten. Und in einer Aufzeichnung vom 15. Dezember 1898 nach einer Hofjagd in Springe heißt es: „Wenn ich so unter den preußischen Exzellenzen sitze, so wird mir der Gegensatz zwischen Norddeutschland und Süddeutschland recht klar. Der süddeutsche Liberalismus kommt gegen die Junker nicht auf. Sie sind zu zahlreich, zu mächtig und haben das Königtum und die Armee auf ihrer Seite. Auch das Zentrum geht mit ihnen. Alles, was ich in diesen vier Jahren erlebt habe, erklärt sich aus diesem Gegensatze. Die Deutschen haben recht, wenn sie meine Anwesenheit in Berlin als eine Garantie der Einheit ansehen. Wie ich von 1866 bis 1871 für die Vereinigung von Nord und Süd gewirkt habe, so muß ich hier danach streben, Preußen beim Reich zu erhalten. Denn alle diese Herren pfeifen auf das Reich und möchten es lieber heute als morgen aufgeben." Es spricht wohl etwas von der Melancholie des Greisenalters aus dieser Herzenserleichterung. Aber sie bezeichnet doch einen Gegensatz, der ein Stück deutscher Geschichte ist. Hat doch der preußische Militarismus erst die Katastrophe von Zabern herbeigeführt, welche die patriotische Arbeit der deutschen Verwaltung im Elsaß vernichtete, dann durch die brutale Ausübung der Diktatur während des Kriegs den Abfall fast des ganzen Landes vollendet und schließlich durch seine Beherrschung der Politik das Reich, das er geschaffen hatte, zu Grunde gerichtet.

„Zu gewaltigen Taten hatte ich keine Gelegenheit," sagte Hohenlohe bei der Feier seines achtzigsten Geburtstages. Blickt man auf die Periode seiner öffentlichen Wirksamkeit, wo er die bayerische Politik selbständig leitete, so ist die Erfolglosigkeit seiner Bestrebungen augenscheinlich. Das Ziel, dem er zustrebte, war der verfassungsmäßige Anschluß der süddeutschen Staaten an Norddeutschland. Aber dieses Ziel wurde erst nach seinem Abgange unter dem Druck weltgeschichtlicher Ereignisse und in anderer Weise, als sein Plan gewesen, erreicht. Und die großgedachte Aktion gegen den Ultramontanismus wurde erst durch die Gleichgültigkeit der katholischen Regierungen, dann durch den Übereifer der preußischen Regierung vereitelt. Der Grund des Mißerfolgs lag in beiden Fällen in den Verhältnissen, die stärker waren als die Persönlichkeit. Doch auch dieser mangelte die urwüchsige, robuste Kraft, die sich gegen alle Hindernisse durchsetzt. Rücksichtsloses, gewalttätiges Vorgehen lag außerhalb der Möglichkeiten von Hohenlohes Natur. Es fehlte ihm nicht an politischem Ehrgeiz und er verstand es, gegen öffentliche und geheime Anfechtungen seine Stellung zu behaupten. Aber er war stärker in der Defensive als im Angriff. Die Wucht der Leidenschaft, mit der Bismarck seine Gegner haßte und verfolgte, dieser kriegerische Geist der inneren Politik lag außerhalb des Bereichs seiner Bildung und seines Temperaments. Er glich darin Wilhelm von Humboldt, dessen Bildungsideal er treu geblieben war. Hohenlohe war von unermüdlicher Arbeitsfreudigkeit bis ins Greisenalter. Aber gerade dieser Fleiß, der alles prüfte, die Gewissenhaftigkeit und Besonnenheit seines Geistes machten ihm rasche Entscheidungen schwer. „Es muß sich erst langsam alles vor mir aufrollen," schreibt er, „ehe ich ein richtiges Bild bekomme." Vor dem Abschluß dieses Denkprozesses mochte er nicht handeln. Daher war er nicht zum Kampfe geeignet, der plötzliche, den Gegner überraschende Entschlüsse fordert. Aber gerade die Ruhe seines Temperaments und die Elastizität des Geistes machten ihm das Ausharren in schwierigen und verwickelten Situationen möglich, wo ein rasch durchgreifendes Wesen einen sofortigen Bruch herbeigeführt hätte. So war seine Stellung zu König Ludwig von Bayern und später zu Kaiser Wilhelm II. Er konnte in beiden Stellungen durch ruhiges Erwägen und geduldiges Ausharren hervorragende Dienste leisten.

In seiner religiösen Überzeugung ist Hohenlohe nicht zu einem klaren Abschluß gekommen. In seiner Jugend lebte er in der Frömmigkeit des romantischen Katholizismus. Als Student liest er mit Begeisterung den Thomas a Kempis in der Ursprache und fühlt sich verletzt durch die Feindseligkeit der in Heidelberg herrschenden Aufklärung gegen das, was sie „Pietismus" nannte. Bei der in reiferen Jahren eintretenden Abneigung gegen das Dogmatische besuchte er doch inmitten der Stürme des Frühlings 1848 die abendlichen Maiandachten. Über den Aufenthalt am päpstlichen Hofe während der Reichsgesandtschaft schreibt er: „Mein Aufenthalt in Gaëta in der Umgebung des vortrefflichen und edlen Papstes war sehr schön, und ich rechne ihn zu den erhebendsten Tagen meines Lebens." Auch im Winter 1856/57 trat er durch seinen Bruder Gustav, der damals Geheimer Kämmerer Pius' IX war, in freundliche Beziehungen zu dem Papste. Das kirchliche Leben Roms, namentlich die Arbeit des Klerus für Unterricht und Seelsorge, werden in dem römischen Tagebuche mit warmer Sympathie dargestellt. Noch in einer Rede vom 19. April 1869 bekennt sich Hohenlohe zu der Überzeugung, daß die Menschheit „der tröstenden, helfenden und versöhnenden Kirche" zu allen Zeiten bedürfe, „ob sie auch einer streitenden und verdammenden Kirche bedarf," fügt er hinzu, „das mögen die Theologen entscheiden". Infolge der Ablehnung des Unfehlbarkeitsdogmas trat auch in den persönlichen Beziehungen des Fürsten zu seiner Kirche eine gewisse Spannung ein, und dieses Mißverhältnis mußte das Gewicht der kritischen und zweifelnden

Momente in seinem geistigen Leben verstärken. Es ist ergreifend, in den „Denkwürdigkeiten", mitten zwischen farbigen Bildern des Weltlebens, plötzlich die ernstesten Reflexionen über die Grundprobleme der Religion zu lesen. Mit dem Alter steigert sich eine pessimistische Stimmung, das Ergebnis langer Beschäftigung mit den großen Welthändeln; in der Verneinung des Willensdranges und der Resignation wird die Erlösung gesucht. Und doch finden sich, namentlich in der Korrespondenz mit der protestantisch-gläubigen Schwester Elise, immer wieder Äußerungen des Verlangens nach einem Trost und einem Frieden, der mehr ist als Resignation. Hohenlohe war auch darin ein Sohn unserer klassischen Literatur, daß ihm in Lessings Geiste das unablässige Suchen der Wahrheit deren Besitz ersetzen mußte. Ist doch in der Unzerstörbarkeit dieses Suchens die Wahrheit selbst und ein letzter Grund, ein letztes Ziel des Menschenlebens gegeben. In der Erscheinung des greisen Staatsmannes, wie sie das Gemälde Laszlos meisterhaft getroffen hat, ist der durchdringende, forschende Blick des dunklen Auges das Bekenntnis eines ungelösten Rätsels, einer ungestillten Sehnsucht.

Hohenlohe ist der Vertreter des geistigen Deutschlands, das in dem Bewußtsein seiner Einheit nach politischer Gestaltung verlangte, sie aber mit den Mitteln des Geistes nicht verwirklichen konnte. Andere Kräfte mußten die harte Arbeit verrichten, die zu Neubildungen in der Staatenwelt erforderlich ist. Aber was so geschaffen wurde, kann die Nation nur dann wahrhaft befriedigen, wenn es mit ihren innerlichsten und tiefsten Überzeugungen und Bedürfnissen harmoniert. Die deutsche Politik muß immer wieder den Weg finden, auf dem ihr der Idealismus des deutschen Geistes folgen kann. Diese Aufgabe soll die Erinnerung an den Fürsten Chlodwig Hohenlohe den künftigen Staatsmännern Deutschlands einprägen.

Fürst Chlodwig zu Hohenlohe-Schillingsfürst

Zu seinem hundertsten Geburtstag
31. März 1919

Von

Friedrich Curtius

Am 1. Januar 1878 schrieb Bismarck an den deutschen Botschafter in Paris: „Euer Durchlaucht möchte ich meinen herzlichen Dank für die so einsichtige und tapfere Unterstützung sagen, welche Sie mir, wie in allen Fällen, so auch in den letzten, schwierigen Monaten in der nachhaltigsten und bereitwilligsten Weise geleistet haben. Das Geschick und den loyalen Willen zur Vertretung unserer Interessen finde ich leider nicht immer vereinigt und bin deshalb um so dankbarer für die Ausnahmen, in denen dies der Fall ist. Ich werde es stets dankbar erkennen, daß ich während der ganzen Zeit unseres Zusammenarbeitens immer auf Euer Durchlaucht sichere und erfolgreiche Mitwirkung zählen durfte, ohne die es bei allen Anfeindungen und Intrigen, deren Ziel ich bin, nicht möglich wäre, das Unentbehrliche zu erreichen und das Gefährliche unschädlich zu machen." Dieses Zeugnis des Schöpfers der deutschen Einheit dürfte Grund genug sein, am 31. März d. J. die Erinnerung an den Fürsten Chlodwig Hohenlohe zu beleben und den Versuch einer Würdigung seiner Persönlichkeit zu rechtfertigen.

Hohenlohe wurde am 31. März 1819 zu Rotenburg an der Fulda geboren. Seine Eltern waren der Fürst Franz Josef zu Hohenlohe-Schillingsfürst und Fürstin Konstanze, geborene Prinzessin zu Hohenlohe-Langenburg. Chlodwig verlebte seine Kindheit abwechselnd in Schillingsfürst und in Rotenburg, der Residenz des Landgrafen Victor Amadeus von Hessen-Rotenburg. Dieser, mit einer Schwester des Fürsten Franz Josef vermählt und kinderlos, hatte die Söhne seines Schwagers zu Erben seines Allodialbesitzes bestimmt und wünschte deshalb an ihrer Erziehung teilzunehmen und sich an ihrer Entwicklung zu erfreuen. Den ersten Unterricht empfing der Prinz zusammen mit seinem ein Jahr älteren Bruder Victor, dem späteren Herzog von Ratibor. Mit ihm und dem jüngeren Bruder Philipp Ernst besuchte er von 1832 bis 1833 das Gymnasium zu Ansbach. 1833 wurden Victor, Chlodwig, Philipp Ernst und der vierte der Brüder, Gustav, der spätere Kardinal, in das Gymnasium zu Erfurt aufgenommen. Im Herbst 1834 starb der Landgraf Victor. Die Familie nahm nun ihren regelmäßigen Aufenthalt in dem zur Erbschaft gehörigen Corvey in Westfalen. Anfangs Juni 1837 bestanden die Prinzen Victor und Chlodwig das Abiturientenexamen. Chlodwig bezog die Universität Göttingen. Das Sommersemester 1838 studierte er in Bonn, wo er sich mit dem Prinzen Albert von Sachsen-Koburg-Gotha, dem späteren Gemahl der Königin Victoria, befreundete. In den Sommerferien machte er mit seinen Brüdern Victor und Philipp Ernst eine Schweizerreise, die in Lausanne endigte, wo die Prinzen den Winter 1838/39 verlebten. Sie hörten dort Vorlesungen an der Akademie und besuchten fleißig die Sitzungen des Grand Conseil, in denen sie, nicht ohne lebhaften Widerspruch ihres monarchischen und aristokratischen Gefühls, den Betrieb eines demokratischen Staatswesens kennen lernten. Nach einer italienischen Reise während der Osterferien, auf der er in Rom mit dem Prinzen Albert zusammentraf, bezog der Prinz im Sommersemester 1839 die Universität Heidelberg, wo er bis zum Herbst 1840 blieb. Diese drei Semester waren eine Zeit fleißiger Arbeit. „Jeden Morgen," schreibt der Prinz, „von 5 bis 10 Uhr wird gearbeitet, dann beginnen die Vorlesungen, und erst die Abendstunden sind der Erholung gewidmet." Im September 1840 folgte der Prinz einer Einladung des vor kurzem vermählten Prinzen Albert nach Windsor, nahm in Berlin am 13. Oktober an der Huldigung vor Friedrich Wilhelm IV. teil und beendigte im Winter 1840/41 seine Studien in Bonn. Von da aus bestand er im April 1841 die erste juristische Prüfung in Koblenz. Das Prüfungszeugnis rühmt die „vorzüglich guten Kenntnisse und Fähigkeiten". Nach dem Tode des Vaters im Januar 1841 waren die Brüder übereingekommen, daß der dritte von ihnen, Philipp Ernst, die Standesherrschaft Schillingsfürst übernehmen sollte, da die beiden älteren durch die Rotenburger Erbschaft versorgt und gebunden waren. Victor übernahm das Herzogtum Ratibor in Schlesien, Chlodwig das Fürstentum Corvey. Aber das Leben eines Landedelmanns konnte dem lebhaften Geiste und dem Tätigkeitsdrange des jungen Prinzen nicht genügen. So entschloß er sich für die diplomatische Laufbahn in Preußen und mußte sich, nach den für diese gegebenen Bestimmungen, zunächst einer mehrjährigen Dienstleistung bei Justiz und Verwaltung unterziehen. Die juristische Praxis übte Hohenlohe in Koblenz unter fleißiger Berufsarbeit, eifrigem Privatstudium und fröhlicher Geselligkeit vom April 1842 bis August 1843. In diesem Monat bestand er die zweite Prüfung, verbrachte den Winter in der Schweiz, Südfrankreich, Oberitalien, Berlin und Wien und begann im Mai 1844 die Tätigkeit bei der Verwaltung als Referendar der Regierung in Potsdam. Diese Tätigkeit dauerte nur ein Jahr. Im Mai 1845 starb der Fürst Philipp Ernst, und die Brüder einigten sich nunmehr dahin, daß Chlodwig auf Corvey verzichtete, der Herzog von Ratibor ihm dagegen die Herrschaft Schillingsfürst abtrat. Durch diese Wendung wurde Chlodwigs Geschick an Bayern gebunden, wo er alsbald als Mitglied der Kammer der Reichsräte in das politische Leben eintrat. Soweit ihn nicht diese ständische Tätigkeit in Anspruch nahm, lebte er fortan auf dem Schlosse

Schillingsfürst. Im Jahre 1847 vermählte sich der Fürst mit der Prinzessin Marie zu Sayn-Wittgenstein-Berleburg. Bei der Feier der goldenen Hochzeit hat er in seiner Tischrede den Wert seiner glücklichen Ehe auch für sein öffentliches Leben betont. „Wenn ich diese Tätigkeit nicht gewählt hätte," sagte er, „so würde meine liebe Frau nicht Gelegenheit gehabt haben, die großen Eigenschaften ihres Charakters zu betätigen. Sie hat in diesen dreißig Jahren meiner politischen und amtlichen Tätigkeit treu zu mir gestanden, sie hat in mühsamen und ernsten Zeiten mich mit ihrem Mut und ihrem Rat unterstützt und sie hat, wenn die politischen Kämpfe auch in die gesellschaftlichen Kreise eingriffen, die da üblichen Nadelstiche mit moralischen Keulenschlägen erwidert und mir so den Weg geebnet, auf dem ich mein Ziel verfolgen konnte."

Der Eintritt Hohenlohes in die bayerische Politik fiel in die Zeit des wachsenden Einflusses der ultramontanen Partei auf die Regierung Ludwigs I. Hohenlohe mußte sich entweder dieser Richtung anschließen oder sich darauf gefaßt machen, in der Kammer der Reichsräte eine sehr isolierte Stellung einzunehmen und zugleich das Vertrauen des Hofs zu verlieren. Er brachte aus dem Elternhause eine fromme Betrachtung des Lebens mit. Aber diese Religiosität hatte den Charakter konfessioneller Duldsamkeit. Da der Vater katholisch war, die Mutter protestantisch, so waren nach der Sitte der Zeit die Söhne katholisch erzogen worden, die Töchter der Konfession der Mutter gefolgt. Bei dem festen und innigen Zusammenhalt der Familie war es Hohenlohe von frühe an selbstverständlich, daß die Zugehörigkeit zu verschiedenen Konfessionen der Einigkeit in dem Innersten und Heiligsten der Religion nicht im Wege stehe. Er war seiner Kirche treu ergeben, und wenn er auch die geistigen Bewegungen innerhalb des Protestantismus mit lebhaftem Interesse verfolgte, so ist er doch nie auf den

Gedanken gekommen, ihr untreu zu werden. Zur Zeit seiner Münchener Anfänge fühlte er sich noch keineswegs im Gegensatze gegen die Bestrebungen, welche den Einfluß der Kirche auf das Volksleben zu stärken suchten, und kam daher der herrschenden Partei ohne Vorurteil entgegen. Aber sehr bald wurde ihm klar, daß die Ziele der ultramontanen Partei in einer Richtung lagen, in welcher er ihr nicht folgen konnte. „Nichts ist im politischen Leben schlimmer und besser," schreibt er am 9. Mai 1846, „als jene Übergänge vom Zweifel zu festem Bewußtsein. Schlimm, weil sie am innersten Leben zehren, gut, weil sie dem Zustand des Zweifels ein Ende machen. Ich bin jetzt so weit gekommen. Wenn ich bisher noch von der sog. ultramontanen Partei gut dachte, wenn ich sie für ungefährlich hielt, so ist dieser Gedanke, der mich bisher immer im Zweifel hielt, was ich zu tun habe, gewichen. Ich sehe nun den Abgrund, in den ich durch die Politik der Jesuiten zu stürzen Gefahr lief. Die Unduldsamkeit, der Haß gegen den Protestantismus, die Idee, daß die Reformation mit allen ihren Folgen nur eine Verirrung gewesen, daß unsere philosophischen, literarischen und anderen Glanz- oder Größenpunkte nur Verirrungen des menschlichen Geistes seien, ist eine zu absurde, meinem innersten Wesen zu diametral entgegengesetzte Perfidität und eine auf eine innere Verworfenheit zeigende Korruption, als daß ich mich je entschließen dürfte und könnte, ohne mein ganzes vergangenes inneres Leben, alle meine teuersten Überzeugungen zu verleugnen, dieser Partei auch nur die geringste Hilfe zu leisten. Ich bitte Gott um Kraft, daß er die Versuchung dieser Teufelsgesellschaft, die nur auf Unterjochung der menschlichen Freiheit, und zwar der geistigen, hinarbeitet, von mir fernhalten möge, damit ich weder durch Versprechungen noch durch Drohungen irre gemacht werde, vom rechten Pfade der Wahrheit abzugehen. Dazu bedarf es eines offenen Bruches mit der ganzen Clique, den ich, sobald wie nur immer möglich, herbeiführen werde." Die bei der sonst immer maßvollen Sprache Hohenlohes auffallende Leidenschaftlichkeit dieses Ergusses zeugt von der Heftigkeit des inneren Kampfes, der der Entscheidung vorausging. Die „Unduldsamkeit, welche in der Reformation nur eine Verirrung sieht", war empörend für die Frömmigkeit, in der sich Hohenlohe mit der Mutter und den Schwestern eins wußte, und stand zugleich in einem unerträglichen Widerspruch mit seiner Geistesbildung, die in unserer klassischen Literatur wurzelte, welche er doch nicht umhin konnte, als eine „Folge der Reformation" zu begreifen. Dazu aber führte die ultramontane Politik zur entschiedensten Ablehnung des nationalen Gedankens, der ihn von früher Jugend an begeisterte. Es ist nicht nachzuweisen, daß dieser Gedanke durch irgendeine äußere Anregung in seine Entwicklung hineingetragen wäre. Wie in Bismarck der preußische Ehrgeiz, so ist in Hohenlohe der Zug zur deutschen Einheit von Jugend an ein Element seines Wesens. Der hohe Adel Deutschlands, den ein günstiges Geschick vor einer Karikatur der Souveränität bewahrt hat, ist Träger des Reichsgedankens geblieben, weil er unmöglich in einer gesellschaftlichen Vorzugsstellung seine Befriedigung finden konnte und zu viel Selbstgefühl hatte, um sich den partikularen Staatsgewalten mit innerlicher Zustimmung rückhaltlos hinzugeben. Er konnte sich nur einer Großmacht unterordnen, entweder der Kirche als Weltbeherrscherin oder einem nationalen Staate, dessen Verwirklichung erstrebt werden mußte. Aus dieser Alternative entschied sich Hohenlohes Stellung in den großen Konflikten seines Lebens. Noch im Jahre 1872 schreibt er seinem Schwager, dem Fürsten Hohenlohe-Waldenburg: „Was mich betrifft, so stehe ich auf der Seite der Waiblingen und will da stehen bis zu meinem Ende."

Bald nach Hohenlohes Eintritt in die bayerische Politik schien die Stunde der Erfüllung seiner patriotischen Hoffnungen gekommen. Mit Begeisterung beteiligte er sich an der nationalen Bewegung von 1848 in ihren vielverheißenden Anfängen. Bei der Beratung des Wahlgesetzes für das Frankfurter Parlament sagte er in der Kammer der Reichsräte: „Tief im Herzen aller Deutschen lebt der begeisternde Glaube an ein einiges, freies, kräftiges deutsches Vaterland. Dieser Glaube ist zur Tat, der Wunsch des Volkes ist zum dringenden Verlangen geworden." Daher zögerte Hohenlohe nicht, als ihn im November 1848 die provisorische Zentralgewalt mit einer diplomatischen Mission betraute. Er sollte „den Antritt des Reichsverwesers" den Höfen von Florenz, Rom und Athen notifizieren. Hohenlohe verband mit der Ausführung dieses Auftrags eine Reise nach Syrien, Palästina und Ägypten. Die Gründung einer deutschen Seemacht und deutsche Kolonialpolitik im Orient waren die Hoffnungen, die ihn auf dieser Reise erfüllten. Am 16. Januar 1849 schreibt er auf dem Berge Karmel: „Ich überzeuge mich mehr und mehr von der Notwendigkeit baldiger Zentralorganisation Deutschlands. England und Rußland machen sich hier nach Möglichkeit breit. Der Orient weiß von Deutschland nichts. Es muß ein deutscher katholischer Konsul nach Jerusalem." Rhodus, Zypern und Kandia sollten von der Türkei erworben und von Deutschland aus kolonisiert werden. Aber während der Abwesenheit des Fürsten vollzog sich die traurige Evolution der nationalen Bewegung. Am Hofe des Papstes in Gaëta erhielt er die Nachricht von der Ablehnung der Kaiserkrone durch Friedrich Wilhelm IV. Als er nach Frankfurt zurückkam, wurde ihm eine Stelle im Ministerium Grävell angetragen. Hohenlohe lehnte ab, „da er keine Lust hatte, einem Ministerium anzugehören, das nur dazu berufen war, das Reich zu Grabe zu tragen". Im November 1849, in der Kammer der Reichsräte bekannte er sich noch einmal zu der Überzeugung, daß die Zukunft Bayerns und Deutschlands den engen Anschluß an Preußen fordere, mußte aber anerkennen, daß die große Mehrheit des bayerischen Volkes anders gesinnt sei.

Die Herrscher der deutschen Mittelstaaten, die sich im Frühling 1848, unter dem Drucke der öffentlichen Meinung, wenigstens scheinbar der nationalen Bewegung angeschlossen hatten, zogen sich von dieser zurück, sobald der Sieg über die Revolution in Preußen und Österreich entschieden war. Und die nationale Bewegung selbst war unter dem Eindruck der Erfolglosigkeit ermattet. Der Partikularismus ging siegreich aus der Prüfung hervor. Es ist begreiflich, daß bei dieser Sachlage die Anschauung aufkommen mußte, daß nur eine Revolution von oben, eine preußische Gewaltpolitik Deutschland einigen könne. Männer, welche eine solche revolutionäre Lösung verwarfen, wie Großherzog Friedrich von Baden, Roggenbach, Hohenlohe, mußten auf eine allmähliche Umbildung des Denkens und Empfindens der deutschen Souveräne hoffen, die sie zu Konzessionen im Interesse Deutschlands bereit machte. Sie mußten sich also dem Partikularismus anpassen, um überhaupt einen Einfluß im deutschen Sinne ausüben zu können. So konnte Hohenlohe als bayerischer Politiker eine Lösung der deutschen Frage erstreben, die dem bayerischen Selbstgefühl genugtat und doch die geschlossene Haltung der ganzen Nation zum mindesten dem Auslande gegenüber garantierte. Daher näherte er sich der uns heute seltsam anmutenden Triasidee, dem Gedanken eines Bundesstaats der Deutschen Mittelstaaten und Kleinstaaten unter Führung Bayerns, welcher mit Österreich und Preußen zusammen den deutschen Bund bilden sollte. Als Motiv dieses Projekts bezeichnet Hohenlohe in einem Schreiben an die

Königin Viktoria, die sich nach dem Tode ihres Gemahls durch ihn über deutsche Verhältnisse unterrichten ließ, die Unzufriedenheit der neunzehn Millionen Bewohner der Mittelstaaten und Kleinstaaten, „die sich von der Teilnahme an den Geschicken Europas ausgeschlossen sehen. Diese Bevölkerung der Mittelstaaten und Kleinstaaten Deutschlands sieht sich in dem Zustande großjährig gewordener Männer, denen die Verwaltung ihrer eigenen Angelegenheiten vorenthalten wird. Ein solcher Zustand wird auf die Dauer unerträglich". „Um aus diesem Zustande herauszukommen," heißt es in demselben Schreiben, „hat man im Jahre 1848 die sog. deutsche Einheit angestrebt. Denn diese Bewegung begann in Südwestdeutschland. Sie hat sich als unpraktisch erwiesen, da weder Österreich noch Preußen sich einer idealen Macht unterwerfen konnten. Eine Partei hat sodann die preußische Hegemonie durchführen wollen. Sie ist an dem Ablehnen des preußischen Königshauses gescheitert." Die Trias würde dem nichtpreußischen und nichtösterreichischen Deutschland zu einer Organisation und politischer Aktivität verhelfen. Hohenlohe erkannte die Schwierigkeiten des Projekts in der Abneigung der deutschen Dynastien, auf einen Teil ihrer Rechte zugunsten eines Herrscherhauses zu verzichten, sodann in dem Widerstand der süddeutschen Demokraten, welche zum Teil an der preußischen Hegemonie festhielten, zum anderen Teil republikanisch gesinnt waren und das Heil Deutschlands von einer europäischen Katastrophe erwarteten, welche die Dynastien wegfegte. Endlich waren Preußen und Österreich Gegner der Trias, Preußen, weil es an seinen Plänen einer deutschen Hegemonie und einer Vergrößerung in Norddeutschland festhielt, Österreich, weil ihm der bestehende Bund bequem war. Dennoch war die Trias nach Hohenlohes damaliger Ansicht der einzige Weg, um den Partikularismus,

„der in dem deutschen Nationalcharakter seine feste Wurzel hat", mit einer ganz Deutschland umfassenden Organisation zu versöhnen. Nach seiner Meinung sollten die beiden Großmächte der tatsächlichen Lage Rechnung tragen und das bayerische Projekt begünstigen. Dadurch würde der Widerspruch der Dynastien gebrochen und die Abneigung der Demokratie unschädlich gemacht werden. „Die Großmächte würden damit die Ruhe von Deutschland und von Europa auf lange Jahre sichern, indem sie eine Hauptursache der Unruhe und Unzufriedenheit in Deutschland beseitigten." Das Projekt der Trias erklärt sich aus der tiefen Depression, welche die schwere Enttäuschung von 1848 hinterlassen hatte. Die Verwirklichung hätte auch bei wohlwollender Haltung Österreichs und Preußens an dem Selbstgefühl der Dynastien ein unüberwindliches Hindernis gefunden. Wer hätte es wagen können, dem Welfenkönig in Hannover die Anerkennung eines Vorrangs des Königs von Bayern vorzuschlagen? Es ist aber merkwürdig, daß gerade die neueste Entwicklung eine Richtung genommen hat, die eine gewisse innere Berechtigung der Triasidee annehmen läßt. Wenn schon während des Weltkriegs die „Vertiefung" des deutsch-österreichischen Bündnisses eine Erneuerung des großdeutschen Ideals bezeichnete, so ist seit dem Zusammenbruch des Habsburgerreichs der Eintritt Deutsch-Österreichs in eine staatsrechtliche Verbindung mit Deutschland unbedingte Notwendigkeit geworden. Ist sie doch die einzige Gewähr für die Erhaltung des nationalen Charakters der alten deutschen Lande an der Donau und in den Alpen. Die Sonderstellung Bayerns aber hat sich während des Kriegs und vollends in der Revolution nur zu deutlich kundgegeben. Auch in Hohenlohes späterer, deutscher Politik kehrt der Triasgedanke, wenn auch in veränderter Form, wieder. Gegenüber einer reinen Machtpolitik, welche die

Staatskunst darauf beschränkt, die rechtlichen Konsequenzen aus der bestehenden Machtverteilung zu ziehen, hat die Trias die Bedeutung, den politischen Wert der idealen Momente anzuerkennen und die Einheit nicht auf erzwungene Subordination, sondern auf Verständigung und Gerechtigkeit zu begründen.

Die Ereignisse von 1866 brachten zunächst die Politik der Paulskirche wieder zu Ehren. Bei Beratung des Gesetzentwurfs über die an Preußen zu zahlende Kriegsentschädigung sprach die Kammer der Abgeordneten den Wunsch aus, der König wolle dahin wirken, „daß durch einen engen Anschluß an Preußen der Weg betreten werde, welcher zurzeit allein dem angestrebten Endziel entgegenführen kann, Deutschland unter Mitwirkung eines frei gewählten, mit den erforderlichen Befugnissen ausgestatteten Parlaments zu einigen, die nationalen Interessen wirksam zu wahren und etwaige Angriffe des Auslands erfolgreich abzuwehren". In der Sitzung der Kammer der Reichsräte vom 31. August 1866 trat Hohenlohe für diesen Antrag ein. „Mir scheint," sagte er, „dieser Antrag von hoher Bedeutung zu sein. Er führt uns mit einem Male mitten in die deutsche Frage und zeugt von einer Meinungsänderung des ganzen Landes von so durchgreifender Art, wie sie mir in meinem politischen Leben noch nicht vorgekommen ist." Die Rede führte aus, daß, nach dem Austritt Österreichs aus dem Deutschen Bunde und der Auflösung dieses Bundes, für Bayern nur drei Wege offen seien: die Gründung eines südwestdeutschen Bundes, die Isolierung Bayerns oder der Anschluß an Preußen. Bayern war durch den Friedensvertrag vom 22. August den Bestimmungen des Nikolsburger Präliminarfriedens vom 26. Juli 1866, soweit sie die Zukunft Deutschlands betrafen, beigetreten. Nach diesen Bestimmungen hatte Österreich die Auflösung des bisherigen Bundes anerkannt und seine Zustimmung zu einer

Neugestaltung Deutschlands ohne Beteiligung des Kaiserstaats gegeben. Es hatte sich ferner verpflichtet, „das engere Bundesverhältnis anzuerkennen, das Preußen nördlich der Mainlinie begründen wollte", und sich damit einverstanden erklärt, „daß die südlich dieser Linie gelegenen deutschen Staaten zu einem Verein zusammenträten, dessen nationale Verbindung mit dem Norddeutschen Bunde der näheren Verständigung zwischen beiden vorbehalten bleibt." Der Prager Frieden vom 23. August 1866 hatte diese Bestimmungen der Nikolsburger Präliminarien aufgenommen, aber mit dem Zusatz, daß der in Aussicht genommene süddeutsche Staatenverein „eine internationale unabhängige Existenz" haben werde. Hohenlohe hielt die Gründung des süddeutschen Bundes für unmöglich, die Isolierung Bayerns für gefährlich und daher den Anschluß an Preußen für den einzig gangbaren Weg, da ein Bund mit Frankreich für die überwiegende Mehrheit des bayerischen Volkes außer Frage stand. Er wünschte sofort, vor der Feststellung der Verfassung des Norddeutschen Bundes, Verhandlungen mit Preußen anzuknüpfen, um Bayern in dem neuen Deutschland eine seiner Bedeutung entsprechende Stellung zu sichern. Wenn Preußen durch Rücksichten auf Frankreich genötigt sei, sich derartiger Vorschläge zurzeit zu enthalten, so sei dies für die süddeutschen Länder und deren Vertreter kein Grund, ihre Meinung zu verschweigen. „Ich sollte doch meinen," hieß es in der Rede vom 31. August 1866, „daß die deutsche Nation groß genug ist, zu sagen, was sie will, was sie für gut, für recht und für zweckmäßig hält für ihr eigenes Wohl, unbekümmert, was jenseits des Rheins gewünscht und gehofft wird." Bei der Abstimmung fand der Antrag der Zweiten Kammer außer Hohenlohe nur noch drei zustimmende Reichsräte. Hohenlohe mußte sich indes bald überzeugen, daß sein Vorschlag sofortiger Verhandlungen mit

Preußen über den Abschluß eines Verfassungsbündnisses unausführbar war, weil Preußen aus Rücksicht auf Frankreich und wegen der bevorstehenden Verhandlungen des konstituierenden Norddeutschen Reichstags zu Unterhandlungen mit den süddeutschen Staaten zunächst nicht geneigt war. Solange diese ablehnende Haltung Preußens dauerte, konnte das gesamtdeutsche Interesse nur durch Treue gegen das gleichzeitig mit dem Friedensvertrag geschlossene Schutz- und Trutzbündnis mit Preußen und eine zur tatkräftigen Ausführung dieser Allianz erforderliche Reorganisation des bayerischen Heeres gefördert werden. Im übrigen mußte man sich darauf beschränken, eine tatsächliche Übereinstimmung nicht nur in der Heeresverfassung, sondern auch in der Gesetzgebung und den Verkehrseinrichtungen zu erstreben.

Als König Ludwig II nach vielen Schwankungen am 31. Dezember 1866 Hohenlohe zur Leitung des bayerischen Ministeriums berief, war damit die bayerische Politik im deutschen Sinne festgelegt. Der französische Gesandte in München, Marquis de Cadore, berichtete seinem Ministerium bald nach Hohenlohes Dienstantritt über eine Audienz bei dem Könige und eine Unterredung mit dem neuen Minister. Bei der Audienz hatte er die Rede auf den Krieg von 1866 gebracht und den König direkt gefragt, wie er sich im Falle eines Krieges zwischen Frankreich und Preußen stellen würde. König Ludwig hatte auf diese Frage „mehr niedergeschlagen als resigniert" geantwortet, so daß der Gesandte den Eindruck hatte, daß über Bayerns Haltung in diesem Falle noch keine Entscheidung getroffen sei. Fürst Hohenlohe aber hatte bei der Unterredung mit dem Gesandten mit voller Klarheit ausgesprochen, falls Bayern zu einer Entscheidung genötigt werde, werde es unter allen Umständen auf seiten Preußens treten ohne Rücksicht auf die Ursache des Krieges und auf das

Programm, auf das hin Frankreich den Krieg eröffne. Der Vertreter Frankreichs faßte sein Urteil dahin zusammen: Wenn man in Frankreich nicht auf die Möglichkeit einer Kooperation Bayerns bei einem Krieg mit Preußen verzichten wolle, müsse man vor allem den König von Bayern bestimmen, sich einen anderen Minister zu wählen. Gemäß dem Beschluß Hohenlohes, das Zusammenstehen ganz Deutschlands gegen den auswärtigen Feind unter allen Umständen zu sichern, mußte seine erste Absicht dahin gehen, die Reform der Heeresverfassung in den süddeutschen Staaten durchzusetzen, damit Süddeutschland seiner Bündnispflicht in vollem Maße genügen könne und ein wertvoller Alliierter Preußens werde. Diesem Zwecke dienten Verhandlungen, die Hohenlohe sofort nach Antritt seines Amts mit den süddeutschen Regierungen anknüpfte und die schon Anfang Februar 1867 in den Stuttgarter Konferenzen zu einem vollen Erfolg führten. Das Schlußprotokoll der Stuttgarter Verhandlungen vom 5. Februar 1867 bekundet den einstimmigen Willen der Regierungen, durch eine den Prinzipien der preußischen nachgebildete Wehrverfassung ihre militärischen Kräfte möglichst zu erhöhen und ihre Heere durch gleichartige Organisation und Bewaffnung zu gemeinsamer Aktion zu befähigen.

Indes war Hohenlohe nicht gesinnt, seine deutsche Politik auf die Erfüllung der Bündnispflicht zu beschränken. Er verkündete vielmehr schon am 19. Januar 1867 in der Kammer der Abgeordneten als das Ziel seiner Politik „die Anbahnung eines Verfassungsbündnisses mit den übrigen Staaten Deutschlands" und knüpfte sofort persönliche Verhandlungen mit demjenigen der deutschen Souveräne an, bei dem das Übergewicht des nationalen Gedankens über alle Bedenken der Souveränität feststand. Der Briefwechsel Hohenlohes mit dem Großherzog Friedrich von Baden aus den ersten

Monaten des Jahres 1867 zeigt das eifrige Bestreben dieser beiden Vertreter des deutschen Gedankens in Süddeutschland, sich über ein gemeinsames Handeln zu verständigen. Der Großherzog ließ keinen Zweifel, daß sein letztes Ziel der deutsche Bundesstaat unter preußischer Führung war. Aber er verstand die großen Schwierigkeiten, mit denen Hohenlohe zu kämpfen hatte, und hielt es, wie er schrieb, „für vaterländische Pflicht, die Stellung des Fürsten und seinen Einfluß in Bayern zu unterstützen". So kam es Ende März 1867 zu Verhandlungen in München zwischen Hohenlohe und dem badischen Staatsrat Gelzer, an denen sich auch der württembergische Minister Freiherr von Varnbüler beteiligte. Man verständigte sich über einen Plan, welcher demnächst in Verhandlungen zwischen dem bayerischen und dem württembergischen Minister weiter besprochen und in einer „Ministerialerklärung" vom 6. Mai 1867 abgeschlossen wurde. Nach einigen von Hohenlohe konzedierten Modifikationen dieser „Ministerialerklärung" ermächtigte auch Großherzog Friedrich sein Ministerium, auf dieser Grundlage in Verhandlungen mit dem Norddeutschen Bunde einzutreten. Die süddeutschen Staaten sollten nach diesem Projekt mit dem Norddeutschen Bunde, dessen Verfassung in eben jenen Tagen festgestellt wurde, ein Verfassungsbündnis eingehen, das, wie die Verfassung des ehemaligen Deutschen Bundes, die internationale Stellung und die souveräne Selbständigkeit der einzelnen Staaten unberührt ließ. Der neue Bund sollte daher keine eigene Gesetzgebung haben. Vielmehr sollten die gemeinsamen Angelegenheiten durch Verträge und durch die Gesetzgebung des Norddeutschen Bundes und der süddeutschen Staaten erledigt werden. So gedachte man der Klausel des Prager Friedens zu genügen, welche für die süddeutschen Staaten einen besonderen Verein „mit internationaler unabhängiger Existenz" vorsah. Der neue Deutsche Bund sollte sofort eine Allianz mit Österreich eingehen. Es war dies eine Konzession an die in Bayern und Württemberg noch immer starken großdeutschen Bestrebungen, die bei König Ludwig so weit gingen, daß er seine Zustimmung zu dem Projekt ausdrücklich an die Bedingung knüpfte, daß die vertragsmäßige Regelung des Verhältnisses zu Österreich noch vor dem Inkrafttreten der neuen Bundesverträge erfolge. Hohenlohe hielt aber diese Allianz auch aus internationalen Rücksichten, als eine Garantie des Friedens, für geboten. In dieser Ansicht wurde er bestärkt durch Bismarck, der während des Konflikts über Luxemburg die bayerische Regierung um ihre Vermittlung ersuchte, um von Österreich für den Fall eines deutsch-französischen Krieges zum mindesten die Zusicherung der Neutralität zu erlangen.

Hohenlohe hatte sofort bei Eintritt des Konflikts auf eine preußische Anfrage die Zustimmung König Ludwigs zu der Erklärung eingeholt, daß Bayern im Falle des Kriegsausbruchs den im Allianzvertrage vorgesehenen Fall als gegeben erkennen und seine Bündnispflicht erfüllen werde. Er wünschte nun die internationale Spannung für die Ausführung seiner deutschen Pläne zu benutzen und sandte den Ministerialrat Grafen Tauffkirchen in besonderer Mission nach Berlin und Wien mit dem Auftrage, „die einer Allianz zwischen Österreich und Preußen entgegenstehenden Hindernisse zu ermitteln und, soweit möglich, zu beseitigen, eine solche Allianz im allgemeinen oder doch speziell bezüglich der Luxemburger Frage zum Abschluß zu bringen und derselben für Bayern beizutreten, dafür aber von Preußen günstige Bedingungen bei den über die Stellung Bayerns und der übrigen südwestdeutschen Staaten zum Norddeutschen Bunde zu eröffnenden Verhandlungen zu erzielen und ein Übereinkommen hierüber abzuschließen". Graf Tauffkirchen wurde in Berlin sehr gut aufgenommen,

König Wilhelm sprach ihm in der anerkennendsten Weise sein Vertrauen zu der Person Hohenlohes aus. Aber in Wien war die Mission erfolglos. Der Versuch Hohenlohes hatte nur die Wirkung, der französischen Regierung Mißtrauen einzuflößen. Der französische Gesandte in Stuttgart erklärte dem Minister von Varnbüler: „Bayern wird, wenn es zum Kriege kommt und Frankreich siegreich ist, teuer, sehr teuer für diesen Schritt büßen müssen." Der württembergische Minister stellte daher für eine fernere Vertretung der Übereinkunft vom 6. Mai die Bedingung, daß bezüglich Österreichs das Wort „Allianz" vermieden werde. Es wurde darauf der minder verfängliche Ausdruck gewählt, daß eine „der Gemeinsamkeit der Nationalität entsprechende Verbindung" mit Österreich anzustreben sei.

Durch die Ablehnung Österreichs sah Hohenlohe einen wesentlichen Punkt seines deutschen Programms erschüttert. Es war dadurch die Aussicht vernichtet, die großdeutsch gerichteten partikularistischen und ultramontanen Kreise für den Anschluß an Norddeutschland zu gewinnen und den König auf dieser Linie festzuhalten. Entschieden aber wurde das Mißlingen des Projekts durch Bismarcks Vorgehen bei der Reorganisation des Zollvereins. Indem er für die Gesetzgebung über die Zölle und indirekten Steuern die bundesstaatliche Organisation entgegen dem Widerspruch Bayerns erzwang, war damit die Möglichkeit genommen, neben dem Zollverein mit seinem Zollparlament noch einen anderen gesamtdeutschen Bund nach Art des alten Bundes zu gründen. Über die Notwendigkeit und Ersprießlichkeit von Bismarcks Vorgehen wird heute kein Zweifel bestehen. Aber die eigene deutsche Politik des bayerischen Staatsmannes war dadurch gelähmt. Die folgenden Jahre bis zu Hohenlohes Sturz im März 1870 zeigen ihn in einer immer hoffnungsloseren

Defensive gegen den ultramontanen und partikularistischen Ansturm auf seine Politik und seine Person. Das Werk der deutschen Einigung konnte nur in einer nationalen Krisis vollendet werden, welche die süddeutschen Staaten nötigte, von ihrer mißtrauischen Zurückhaltung abzulassen und sich offen zu der Sache des großen Vaterlandes zu bekennen. Vermutlich war dieser Gedanke eines der Motive, die Bismarck bestimmten, im Juli 1870 die Gelegenheit zu der unerläßlichen Auseinandersetzung mit Frankreich zu ergreifen. Die freudige Zustimmung der großen Mehrheit des bayerischen Volkes und seiner Vertretung, als es darauf ankam, das im August 1866 gegebene Versprechen gemeinsamer Abwehr des äußeren Feindes einzulösen, bezeichnete den Durchbruch des nationalen Gedankens, dem die geduldige und mühevolle Arbeit Hohenlohes gegolten hatte. Neun Jahre später vollzog Bismarck die österreichische Allianz, welche Hohenlohe in Erkenntnis der Unzerstörbarkeit der großdeutschen Idee in sein deutsches Programm aufgenommen hatte.

In seinen Bestrebungen für die Einigung Deutschlands hatte Hohenlohe die ultramontane Partei, zu der er seit seinem Eintritt in die bayerische Politik in scharfem Gegensatz stand, als mächtigen und nicht zu gewinnenden Gegner vorgefunden. Nationale Gesinnung war in Bayern nur bei den Liberalen zu finden. Hohenlohe hatte deshalb bei Antritt des Ministeriums den liberalen Ausbau des bayerischen Staatswesens, insbesondere in der Schulgesetzgebung, in sein Programm aufgenommen. In den Jahren vor dem Vatikanischen Konzil trat er in enge freundschaftliche Beziehungen zu dem großen Theologen, in welchem sich der Widerspruch der geschichtlichen und theologischen Bildung innerhalb des katholischen Deutschlands gegen die Erhebung der Lehre von der päpstlichen Unfehlbarkeit zum Dogma der Kirche konzentrierte. Aus dem

Gedankenaustausch mit Döllinger entstand der Plan einer Gegenwirkung der katholischen Mächte gegen das Vorhaben der Jesuiten, wie sie in dem Rundschreiben Hohenlohes vom 9. April 1869 Gestalt gewann. Es ist heute, nachdem mit dem Jesuitengesetz der letzte Rest des Kulturkampfes verschwunden ist, nicht schwer, die schwache Seite der gegen den Ultramontanismus gerichteten politischen Aktion zu erkennen. Diese schwache Seite ist ihre doktrinäre, professorale Begründung, die den Kardinal Antonelli veranlaßte, gegenüber dem bayerischen Gesandten in Rom zu bemerken: „Le Prince de Hohenlohe veut faire le théologien." Dieser akademische Charakter schloß von vornherein eine starke populäre Teilnahme und damit einen politischen Erfolg aus. Die Diskussion bewegte sich auf dem Gebiete theologischer und juristischer Prinzipienfragen, welche die große Masse der Katholiken, auch der gut deutsch und vaterländisch gesinnten, nicht wirklich beunruhigen. Die Fragen, welche sich aus dem Gegensatz der modernen Staatslehre zu dem katholischen Dogma ergeben, sind ihrer Natur nach für die Theorie unlösbar. Sie finden aber ihre praktische Lösung in dem Denken und Fühlen der lebendigen Menschen, die guten Willens sind, ihrer Kirche treu zu bleiben und zugleich die Pflichten gegen das Vaterland in vollem Umfange zu erfüllen. Indessen war die Beunruhigung des gebildeten und patriotisch fühlenden Katholizismus bei der Annäherung des Konzils begreiflich genug. In dem Syllabus von 1864 hatte der Papst die Partei der schärfsten Reaktion ergriffen und alle grundlegenden Ideen des Rechtsstaats und der modernen Verfassungen verdammt. Unvermeidlich war die Frage, welche Wirkung jenem päpstlichen Verdammungsurteil dadurch beigelegt werden würde, daß päpstliche Entscheidungen auch ethischen Charakters, wenn ex cathedra verkündet, den Charakter der Unfehlbarkeit erhielten. „Die

Frage von der päpstlichen Unfehlbarkeit," heißt es in dem Rundschreiben vom 9. April 1869, „reicht weit über das rein religiöse Gebiet hinaus und ist hochpolitischer Natur, da hiermit auch die Gewalt der Päpste über alle Fürsten und Völker, auch die getrennten, in weltlichen Dingen entschieden und zum Glaubenssatz erhoben wird." Als Folgen des neuen Glaubenssatzes für die Beziehungen von Staat und Kirche bezeichnet Döllinger:

1. Der Syllabus von 1864 wird eo ipso ein mit unfehlbarer Autorität bekleidetes Glaubensdekret.

2. Der Papst bestimmt aus souveräner Autorität die Grenzen zwischen Kirche und Staat. In Gegenständen gemischter Art entscheidet einzig das unfehlbar gewordene Urteil des Papstes, von welchem dann kein Nachfolger mehr abweichen darf.

3. Die Bulle Pius IV, die jeden andersgläubigen Fürsten abzusetzen gebietet, wird Dogma,

4. desgleichen die Bulle „Unam sanctam".

In einer Rede vom 19. April 1869 bei der Verhandlung über den Entwurf eines Schulgesetzes in der Kammer der Reichsräte erinnerte Hohenlohe an die Enzyklika Gregors XVI „Mirari nos", welche die gesetzliche Sicherung der Gewissensfreiheit eine „sententia erronea et absurda", ein „deliramentum", eine irrige und absurde Meinung, einen Wahnsinn nennt, an die Enzyklika vom 8. Dezember 1864, welche die Freiheit des Kultus zu den verdammenswerten Irrtümern rechnet, endlich an die Stelle derselben Enzyklika, welche auf das bestimmteste in Abrede stellt, daß der Papst sich je mit dem Fortschritt, je mit dem Liberalismus und je mit der modernen Zivilisation versöhnen und vergleichen könne. Diese Unvereinbarkeit der politischen Lehren des Papstes, denen das neue Dogma die Sanktion geben sollte, mit den fundamentalen

Prinzipien des modernen Staates war offenkundig. Eine gemeinsame Aktion der katholischen Mächte hätte vielleicht die Kurie zur Vorsicht bestimmen können. Jedenfalls wären die dem Dogma widerstrebenden deutschen Bischöfe in ihrem Widerspruch bestärkt worden und es hätte sich die Möglichkeit ergeben, dem an den deutschen Universitäten herrschenden liberalen Katholizismus die Garantie seines Bestandes und seiner ungehemmten Entwicklung zu geben.

Hohenlohes Projekt scheiterte wesentlich an dem Widerspruch des Grafen Beust, da Österreichs Mitwirkung bei einem Kollektivschritt der katholischen Mächte unentbehrlich war. Spätere Verhandlungen über ein gemeinsames Vorgehen wenigstens der deutschen Regierungen mit katholischen Untertanen verliefen auch resultatlos, obwohl Bismarck sich zur Unterstützung des Projekts bereit fand. Man muß annehmen, daß in Bayern selbst an der entscheidenden Stelle die erforderliche Energie nicht aufzubieten war. Vielmehr gewann die Kurie durch die Mitteilungen der Presse über die Verhandlungen, die sich an das Rundschreiben vom 8. April 1869 angeschlossen hatten, die Sicherheit, daß ihrem Vorhaben seitens der Regierungen kein beachtenswerter Widerstand begegnen werde. So konnte die Minorität des Konzils ohne ernste Gefahr vergewaltigt werden. Der Ausbruch des Deutsch-Französischen Krieges erleichterte den Prozeß. Das neue Reich fand das Dogma von der Unfehlbarkeit als eine Tatsache vor, mit der man sich abfinden mußte.

Hohenlohe hat sich dem neuen Glaubenssatz persönlich nicht unterworfen. Er hat es aber abgelehnt, seine Ansicht öffentlich auszusprechen und sich ebensowenig wie Döllinger den Altkatholiken angeschlossen, weil er fürchtete, „daß diese nicht da stehenbleiben könnten, wo sie standen, sondern weiter gedrängt werden würden". Auch schien es ihm den Interessen der Kirche zuwider zu sein, wenn diese durch den Austritt der Gegner der Unfehlbarkeit so viele vernünftige Menschen ohne Nutzen verliere. Er ist bei der Ansicht geblieben, daß das Vatikanische Konzil kein ökumenisches gewesen sei und daß die Zeit kommen werde, wo die Kirche selbst die Lehre von der Unfehlbarkeit des Papstes für eine Häresie erklären werde. Die katholische Kirche sollte sich nach Hohenlohes Meinung „aus sich selbst reformieren". „Das kann und wird sie nur," schreibt er im April 1871, „unter Mitwirkung ihrer Bischöfe. Diese Mitwirkung wird aber erst dann eintreten, wenn der Zeitpunkt gekommen sein wird, wo ein wahres ökumenisches Konzil zusammentritt. Ist das eine leere Hoffnung, so ist die katholische Kirche dem Untergang geweiht, und dann werden sich neue Religionsformen bilden. Vorläufig habe ich diese Hoffnung, und deshalb warte ich. Deshalb bleibe ich in der Kirche, ohne zu den Ultramontanen überzugehen."

Ultramontan nennt Hohenlohe denjenigen, „welcher seine Meinungen und Handlungen durch die Instruktionen des Jesuitenordens bestimmen läßt". Die Richtschnur für das Handeln der nichtultramontanen Katholiken muß also die Bekämpfung des Jesuitenordens sein. Aus dieser Auffassung erklärt sich Hohenlohes kirchenpolitische Haltung im neuen Reiche, insbesondere sein Vorgehen gegen den Jesuitenorden in der entscheidenden Rede vom 19. Mai 1872. Es war kein Widerspruch, wenn er forderte, daß die katholische Kirche sich aus sich selbst reformieren müsse, und doch den Kampf des Staates gegen den Jesuitenorden einleitete. Denn die Reformation der Kirche schien ihm bedingt durch die erfolgreiche Bekämpfung der Jesuiten, insbesondere ihres Einflusses auf die Bildung des Klerus und der höheren Gesellschaftsklassen. Der Staat aber war nach Hohenlohes Meinung zu diesem

Kampfe befugt und verpflichtet, weil die Doktrinen des Ordens mit den Grundlagen des öffentlichen Rechts in Widerspruch stehen. „Der Orden," heißt es in der Rede vom 15. Mai 1872, „hat sich die Bekämpfung des modernen Staats zur Aufgabe gestellt." „Ich will mich nicht auf die Frage einlassen, ob die Enzyklika vom 8. Dezember 1864 und der damit verbundene Syllabus eine Entscheidung des Papstes ex cathedra sei oder nicht — es ist dies eine Frage, die innerhalb der Kirche selbst kontrovers ist —, das aber wird wohl nicht bestritten werden können, daß dieser Syllabus für die Tätigkeit des Jesuitenordens und die Zielpunkte seiner Bestrebungen die Richtung gibt. Auch lassen darüber die Schriften der Jesuiten nicht den geringsten Zweifel." „Der Syllabus erklärt dem Fortschritt, dem Liberalismus und der modernen Zivilisation den Krieg, er verdammt die Preßfreiheit, die Kultusfreiheit, die Gleichberechtigung der Konfessionen und die Gewissensfreiheit als gefährliche Irrtümer. Können wir ein Institut in unserer Mitte dulden, das uns die Grundlagen unserer Existenz unter den Füßen wegziehen will?" Aus diesen Erwägungen kommt der Redner zu dem Ergebnis, daß Deutschland eines Gesetzes bedürfe, durch das der Jesuitenorden verboten wird. Dasselbe Gesetz sollte aussprechen, daß jeder Deutsche durch den Eintritt in den Jesuitenorden seine Staatsangehörigkeit verliere und daß niemand, der in einer von Jesuiten geleiteten Lehranstalt gebildet ist, im Staatsdienste oder im Kirchendienste in Deutschland angestellt werden könne. Man kann nicht wissen, welchen Erfolg die Regierung gehabt haben würde, wenn sie sich damals auf die Ausschließung des Jesuitenordens beschränkt hätte. Es ist nicht ausgeschlossen, daß ihr in diesem Falle die Zustimmung auch katholischer Kreise, Bischöfe und Laien, zugefallen wäre. Denn der Gegensatz von Jesuiten und Nichtjesuiten ist ein innerer Gegensatz innerhalb der katholischen Kirche, der, so alt wie der Jesuitenorden selbst, immer von neuem zum Ausdruck kommt. In der Schweiz wird die verfassungsmäßige Ausschließung des Jesuitenordens ohne Widerspruch der Kirche ertragen. Aber mit der Kulturkampfgesetzgebung des preußischen Staats gewann die Frage ein ganz neues Ansehen. Hohenlohe war der Meinung, daß die Opposition gegen das Vatikanum in den Kreisen der Bischöfe nach Beseitigung des jesuitischen Drucks beginnen und die Kirche sich selbst reformieren müsse. Durch die preußische Gesetzgebung aber unternahm der Staat diese Reformation im Sinne des Nationalismus, der Herrschaft des Staats über die Kirche. Damit war die Reaktion des religiösen Gefühls und des kirchlichen Gesamtbewußtseins gegen eine Ausdehnung der Herrschaft des Staats auf das Gebiet des Glaubens und der Weltanschauung wachgerufen. In diesem gewaltigen Ringen verschwanden alle innerkirchlichen Differenzen. Der Jesuitenorden erschien nunmehr nur noch als die mächtigste Waffe der katholischen Kirche in dem gegen sie eröffneten Kampfe, und seine führende Stellung in der katholischen Weltpolitik wurde durch den Kampf nur befestigt. Es war daher unvermeidlich, daß die Niederlage der Staatsgewalt im Kulturkampfe auch die siegreiche Behauptung des Jesuitenordens zur Folge hatte, und die schließliche Aufhebung des Jesuitengesetzes war nur die letzte Konsequenz eines seit bald vierzig Jahren verlorenen Prozesses. Hohenlohe hat sich in seinen späteren Jahren jeder aggressiven Politik und jeden Versuchs einer prinzipiellen Lösung des kirchenpolitischen Problems enthalten und sich immer nur bestrebt, in Personenfragen den liberalen Katholizismus zu unterstützen. Die Erfahrung hat gezeigt, daß ein weltoffenes, der modernen Bildung verständnisvoll begegnendes theologisches Denken auch nach dem Vatikanum in der katholischen Kirche noch möglich ist, und daß jede geistige Bewegung dieser Art nur geschädigt wird, wenn die politischen Machthaber sich ihr verbünden und sie durch äußere Mittel zu fördern suchen.

Auf die Periode des nationalen und dann des kirchenpolitischen Kampfes folgte in Hohenlohes Leben eine Zeit verhältnismäßiger Ruhe, die Bekleidung der Pariser Botschaft von 1874 bis 1885. Er diente in diesem Amte der Absicht der Bismarckschen Politik, welche auf die Verhütung von Reibungen und die Herstellung eines praktisch erträglichen Verhältnisses zu Frankreich gerichtet war. Seiner ruhigen Vornehmheit, seinem besonnenen und dabei wohlwollenden Wesen, seiner glänzenden Stellung in der Pariser Gesellschaft gelang es, zufriedenstellende Beziehungen zu der französischen Regierung zu erhalten. Erst nachdem Hohenlohe Paris verlassen hatte, begann mit der russischen Allianz das Wiederaufleben des Revanchegedankens.

Im Herbst 1885 wurde Hohenlohe in Elsaß-Lothringen der Nachfolger des Feldmarschalls von Manteuffel und übernahm damit eine schwere Aufgabe der deutschen Staatskunst, die von ihrer Lösung noch weit entfernt war. Manteuffel hatte den Versuch gemacht, einen raschen, wenigstens scheinbaren Erfolg zu erzielen, indem er die durch Reichtum und gesellschaftlichen Einfluß ausgezeichneten sog. Notabeln, die in dem Landesausschusse vereinigt waren, durch gesellschaftliche Liebenswürdigkeiten und Erfüllung persönlicher Wünsche sich verband, während doch gerade diese Kreise den Nährboden der französischen Gesinnung bildeten und ihren Einfluß auf die unteren Schichten der Gesellschaft in diesem Sinne ausübten. Manteuffel hatte seine Politik auf seine Person eingerichtet. Bei seinem hohen Alter schien ihm ein rascher, nach außen sichtbarer Scheinerfolg wünschenswerter als das geduldige Warten auf eine allmähliche Umwandlung der Gesinnung, die lange Zeit beanspruchte. Hohenlohe verfügte über alle Mittel gesellschaftlicher Kunst und vornehmer Lebensführung, welche die oberste Schicht der Gesellschaft gewinnen konnten, aber er war sich des geringen Werts solcher gesellschaftlichen Erfolge bewußt und hatte die Einsicht, daß die wünschenswerte Änderung in den Gefühlen der Bevölkerung gegenüber Deutschland und Frankreich nicht durch eine irgendwie geartete politische Technik herbeigeführt werden konnte, sondern sich aus einer ruhigen, ungestörten und gleichmäßigen Entwicklung von selbst ergeben mußte. So richtete er sein ganzes Interesse auf eine gute Verwaltung, die Wiederherstellung der durch Manteuffels Politik erschütterten Autorität der Behörden, die Entwicklung der Selbstverwaltung, die Gewöhnung der Bevölkerung an ein vertrauensvolles Zusammenwirken mit der Regierung und die Förderung des Wohlstandes des Landes. Er hatte nicht vergessen, was er als Referendar an der Potsdamer Regierung gelernt hatte, und wußte jede Frage mit der Geduld und Sachlichkeit eines wohlwollenden und gerechten Verwaltungsbeamten zu prüfen. Mit Hohenlohe verschwand die unruhige Hast einer steten Bemühung um den Schein. Die Förderung deutscher Sprache und deutscher Bildung war selbstverständliches, unausgesetzt verfolgtes Ziel der Regierung, aber alles Gewaltsame, alles auf den bloßen Effekt Berechnete war der schlichten Treue dieses echt deutschen Regiments fremd. Wenn Hohenlohe öffentlich sprach, so war mit der warmen Betonung vaterländischen Gefühls eine landesväterliche Güte verbunden, welche die Herzen gewann, zugleich aber eine echt liberale Gesinnung, welche alle gewaltsamen Mittel zur Umstimmung der Gemüter verwarf. Die Ansprachen auf den häufigen Reisen des Statthalters atmen eine jugendliche Begeisterung für die Naturschönheit des Landes und den Reichtum geschichtlicher Erinnerungen, wie sie uns aus Goethes Dichtung und Wahrheit anmutet. So entwickelte sich zwischen dem Lande und dessen Regenten ein warmes Vertrauensverhältnis, das ihm im Elsaß ein ruhiges und beglückendes Heimatsgefühl gab. „Wenn ich nach vorübergehender Abwesenheit hierher zurückkehre," sagte der Fürst in einer Ansprache an den Gemeinderat von Straßburg, „so erscheint mir der Münsterturm schon von weitem wie ein Gruß aus der Heimat, und es berührt mich wohltuend, wenn mich abends die Münsterglocke mit melodischem Klange gemahnt, daß ich in meinen alten Tagen ein guter Straßburger geworden bin." Diese warme Liebe zu dem schönen Lande gab Hohenlohe das rechte Wort, wenn er in kritischen Perioden aus dem Bedürfnisse des Landes heraus die Notwendigkeit entwickelte, in Elsaß-Lothringen alles zu vermeiden, was die französischen Revanchegelüste ermutigen konnte. Als im Beginne des Jahres 1887 die Boulangerbegeisterung in Frankreich ihren Höhepunkt erreicht hatte und gleichzeitig die Neuwahlen für den Reichstag bevorstanden, die unter der Parole des Septennats stattfanden, sagte Hohenlohe zu den Mitgliedern des Landesausschusses: „Je mehr in mir das Gefühl der Anhänglichkeit an dieses Land erstarkt, um so inniger durchdringt mich der Wunsch, daß Gott dasselbe bewahren möge vor jeglicher Trübsal, daß er es insbesondere behüten möge vor den Schrecknissen eines neuen blutigen Krieges ... Diese Gefahr wird dann sofort uns gegenübertreten, wenn es einer unruhigen Minderheit gelingt, das sonst so friedliche und arbeitsame Volk Frankreichs zu Entschlüssen fortzureißen, die uns nötigen würden, für unser gutes Recht mit aller Energie und mit der ganzen Kraft des Reichs in die Schranken zu treten. Ist dem aber so, dann gewinnt jede öffentliche Kundgebung diesseits der Vogesen, dann gewinnen insbesondere die Wahlen eine erhöhte Bedeutung, zumal, da dieselben der Bevölkerung von Elsaß-Lothringen die Gelegenheit bieten, ihre friedliche

Gesinnung zu betätigen und mitzuarbeiten an dem Werk der Erhaltung des Friedens. In der Tat wäre nichts mehr geeignet, den Frieden zu gefährden und die Kampflust jener erwähnten Minderheit anzufachen, als die Wahl von Männern, welche die Zweifel an der Dauer unseres Rechtszustandes teilen."
„In jeder Session des Landesausschusses," heißt es in derselben Rede, „tritt das Verlangen hervor, es möchte Elsaß-Lothringen in staatsrechtlicher Beziehung den übrigen deutschen Staaten gleichgestellt werden. Ich begreife diesen Wunsch, und ich teile ihn. Ich glaube auch, daß die Zeit kommen wird, wo derselbe in Erfüllung gehen kann; dann nämlich, wenn das Deutsche Reich — und ich meine damit nicht nur die verbündeten Regierungen, sondern auch die deutsche Nation — die Überzeugung gewinnen wird, daß Elsaß-Lothringen den bestehenden Rechtszustand rückhaltlos anerkennt und wenn der Protest verschwindet." Es war Hohenlohe nicht vergönnt, diesen Zeitpunkt zu erleben. Erst die Verfassung, welche das Notabelnsystem des Landesausschusses beseitigte und dem Lande eine aus dem allgemeinen, gleichen Wahlrecht hervorgehende Volksvertretung gab, hat seinen Wunsch erfüllt. Die ersten Wahlen für die Zweite Kammer des neuen Landtags brachten im ganzen Lande eine entscheidende, endgültige Niederlage des Protestes.

Unmittelbar nach Antritt seines Amtes, am 8. November 1885, schrieb Hohenlohe dem Reichskanzler, er habe bemerkt, daß im Königlichen Militärkabinett eine gewisse „kühle Stimmung" ihm gegenüber bestehe. Diese kühle Stimmung entwickelte sich mehr und mehr zu einer organisierten geheimen Gegenwirkung gegen seine Verwaltung. Im Herbst 1886 schrieb ein Berliner Vertrauter dem Fürsten, daß unter den Militärs in Elsaß-Lothringen Aufregung herrsche über die angebliche militärische Unsicherheit des Landes, und knüpfte daran den Rat, Hohenlohe möge einige „actes de rigueur" begehen, um Angriffen aus militärischen Kreisen zu begegnen. Der Fürst antwortete darauf, durch „actes de rigueur", die sich nachher als verfehlt herausstellten, werde er mehr blamiert als durch „die Anschuldigungen der Bezirkskommandeure wegen zu großer Nachsicht". Diese militärische Opposition verschärfte sich nach dem ungünstigen Ausfall der Reichstagswahlen von 1887 zu einer schweren Krisis der normalen Entwicklung Elsaß-Lothringens. Der Ansturm gegen die Person und die Stellung des Statthalters hatte nur deshalb keinen Erfolg, weil das Vertrauen Kaiser Wilhelms I. unerschütterlich war und seiner Milde und Besonnenheit der Umsturz der gesamten bisher verfolgten Politik durch den unerwünschten Ausfall einer Wahl nicht begründet erschien. Die ganze Aufregung, welche die altdeutschen bürgerlichen Kreise teilten, war sachlich nicht begründet. Wenn auch protestlerische Stimmungen stark mitwirkten, so war doch die Frage des Septennats, die Parole des damaligen Wahlkampfs, in der auch in Deutschland starke Meinungsverschiedenheiten bestanden, keineswegs geeignet, eine der Regierung ungünstige Abstimmung als Kundgebung des Protestes hinzustellen. In der breiten Masse des Volkes konnte man unmöglich sechzehn Jahre nach der Annexion einen Grad von Patriotismus erwarten, der zu jedem Opfer für die Vermehrung des deutschen Heeres bereit machte. Auch bei ruhigen und besonnenen Elsässern herrschte vielfach die Ansicht, daß gerade die fortgesetzte Steigerung der Rüstungen in den Krieg treibe und deshalb ein negatives Votum der Erhaltung des Friedens diene. Indessen hatte die chauvinistische Bewegung in Frankreich, die sich an den Namen Boulanger knüpfte, einen unverkennbaren Einfluß auf die allgemeine Volksstimmung im Elsaß geübt. Jede Annäherung der Möglichkeit eines Krieges um Elsaß-Lothringen mußte die Hoffnungen der Französischgesinnten und die geheime Propaganda für ihre Zwecke beleben. Namentlich wurde das sehr ausgebreitete Vereinsleben dafür benutzt. Die freiwilligen Feuerwehren, die Turnvereine und Musikvereine, welche die männliche Jugend der unteren Klassen umfaßten, standen unter dem Einfluß der Notabeln, welche durch ihre Geldspenden das elegante Auftreten und damit die Anziehungskraft dieser Vereine möglich machten. In dem industriellen Oberelsaß wußten die durchweg französisch gesinnten großen Fabrikanten durch die von ihnen abhängigen Beamten auf die Masse der Arbeiterschaft und des kleinen Bürgerstandes einzuwirken, ohne sich selbst zu kompromittieren. Erst das siegreiche Vordringen der Sozialdemokratie nach dem großen Streik von 1888 hat dieses System der Massenbeherrschung durch die Notabeln gestürzt. Die Gegenmittel, über welche die Regierung verfügte, waren gering: die schärfere Handhabung der Vereinspolizei, die neue Organisation der Feuerwehren, Ausweisung bedenklicher Ausländer und ähnliches. Hohenlohe entzog sich der Aufforderung zu solchen Maßregeln nicht, aber er konnte damit die prinzipiellen Widersacher seiner Stellung nicht befriedigen. Diese Opposition hatte weniger in konkreten Meinungsverschiedenheiten ihren Grund, als in einer allgemeinen Stimmung, und dieser lag eine Tatsache zugrunde, der mit Regierungskünsten nicht beizukommen war. Die gebildete Gesellschaft des Landes, welche sich durch die Annexion vergewaltigt fühlte, beharrte, auch wo sie aus wirtschaftlichen Gründen das Zusammenwirken mit der Regierung nicht verschmähte, in einer vollkommenen gesellschaftlichen Zurückhaltung. Die reichen und eleganten Häuser blieben mit vereinzelten Ausnahmen der altdeutschen Gesellschaft verschlossen. Diese Zurückhaltung erzeugte eine bittere und feindselige Stimmung. Sah man nun den Statthalter und die höchsten

Beamten in freundlichem Verkehr mit denselben Männern, deren Häuser kein deutscher Offizier betrat, so entstand daraus die Vorstellung, daß die Regierungskreise das deutsche Interesse verleugneten und zum Heil des Vaterlands gestürzt werden müßten, damit eine Politik der Rache für die gesellschaftliche Abschließung der Elsässer zur Ausführung kommen könne. Solange Kaiser Wilhelm I lebte, war diese Agitation unbequem, aber nicht bedrohlich. Im Jahre 1888 mußte Hohenlohe die Einführung des Paßzwanges über sich ergehen lassen. Wahrscheinlich hielt es Bismarck nach dem Tode Kaiser Wilhelms I um seiner eigenen Stellung willen für geraten, einer militaristischen Pression in bezug auf die Behandlung des Elsaß nachzugeben. Die außerordentlich lästige, in das Geschäftsleben und das Familienleben tief eingreifende Maßregel mußte alle Kreise der Bevölkerung mit leidenschaftlicher Erbitterung erfüllen. Hohenlohes erster Gedanke war, die Zumutung Bismarcks zurückzuweisen, auf die Gefahr eines Konflikts. „Gebe ich jetzt nach," schrieb er, „so wende ich die schließliche Katastrophe des Militärregiments doch nicht ab, trete aber dann wenigstens mit Ehren ab." Es war besonders der Rat Großherzog Friedrichs von Baden, der ihn schließlich bestimmte, sich bei der Alternative von Demission und Nachgeben für das letztere zu entscheiden. Die Verhandlungen fielen in die letzten Wochen der Regierung Kaiser Friedrichs. Der Kronprinz hielt die Maßregel des Paßzwanges für notwendig und teilte, wie Hohenlohe schreibt, die Ansicht der Militärs, „daß man den Franzosen Übles zufügen müsse". Auch der Reichskanzler betrachtete die Maßregel lediglich als einen Schachzug gegen Frankreich. Er erklärte den Paßzwang für „ein Mittel, den Franzosen zu zeigen, daß ihr Geschrei uns nicht erschrecke und wir sie nicht zu fürchten haben". Genaue Kenner der Lage versicherten, daß Bismarck den Paßzwang nur eingeführt habe, um zu zeigen, daß er auch scharf gegen die Franzosen vorgehen könne, und dadurch der Militärpartei den Rang abzulaufen. „Die jetzigen Hetzereien," schreibt Hohenlohe in Berlin am 26. Mai 1888, „sind eine Konzession an den künftigen Kaiser und dessen militärische Ratgeber." Man kann verstehen, daß es unter diesen Umständen den Freunden des Landes vor allem darauf ankam, daß Hohenlohe auf seinem Posten verharrte und lieber die Verantwortung einer ungerechten und schädlichen Maßregel trüge, als daß er durch seinen Abgang einem Vertreter der dem Lande feindlichen Politik Platz machte. Der Erfolg hat dieser Berechnung recht gegeben. Der Paßzwang wurde allmählich gemildert und nach drei Jahren abgeschafft, und Hohenlohes Stellung befestigte sich in dieser Zeit auch bei Kaiser Wilhelm II. Der Großherzog Friedrich und die Großherzogin Luise sowie die Kaiserin Augusta waren die Fürsprecher seiner besonnenen, auf die ruhige Entwicklung des Landes berechneten deutschen Politik gegenüber den Eingebungen einer dem Lande feindseligen Stimmung, die sich in harten Gewaltmaßregeln zu entladen trachtete. Die letzten Jahre der Statthalterschaft blieben von gewaltsamen Erschütterungen bewahrt und gestalteten das Verhältnis des Fürsten zu dem Lande immer glücklicher und vertrauensvoller. Das zeigte sich besonders bei seinem Scheiden im Herbst 1894. Auf die herzlichen Bezeugungen der Sympathie der Bevölkerung sagte der Fürst: „Was ich in diesen Tagen hier erlebt habe, ist die größte Auszeichnung, die einem im öffentlichen Leben wirkenden Manne zuteil werden kann. Ich bin stolz darauf und werde die Erinnerung daran als den schönsten Lohn eines arbeitsreichen Lebens bis an mein Ende im Herzen tragen."

Die Übernahme der Reichskanzlerschaft war, wie Bismarck sich ausdrückte, eine Ehrenpflicht, der sich der fünfundsiebzigjährige Staatsmann nicht entziehen konnte. Ein hoher Beamter des Auswärtigen Amtes schrieb ihm damals: „Euer Durchlaucht stehen vor einer großen patriotischen Aufgabe. Ich weiß nicht, wer außer Ihnen die jetzigen Gefahren beschwören kann. Ihr Name, Ihre Vergangenheit flößt ein Vertrauen ein, über das, vom Fürsten Bismarck abgesehen, kein deutscher Staatsmann verfügen kann." Es war nach den schweren Konflikten der letzten Jahre schon eine Beruhigung der öffentlichen Meinung, daß die Leitung der deutschen Politik in die Hände eines Mannes gelegt wurde, der das volle Vertrauen des Kaisers besaß und dem zugleich Bismarck „seine Freude und Genugtuung" bei seinem Amtsantritt aussprach. Die Ruhe und Besonnenheit Hohenlohes, seine vollendete Kunst des Umgangs mit Souveränen und Staatsmännern war von hoher Bedeutung für die Erhaltung des Weltfriedens, namentlich die Verbesserung der Beziehungen zu Rußland. Für die Sicherung der Machtstellung Deutschlands wirkte er aus eigenster Überzeugung durch das Eintreten für die Bedürfnisse der deutschen Flotte, der die Begeisterung seiner jungen Jahre gegolten hatte. Die heftigen Gegensätze der inneren Politik konnten keine persönlichen Tugenden überwinden. Aber es gelang Hohenlohe, bei wichtigen Differenzen durch entschiedenes Eintreten für die Prinzipien des Liberalismus, in der Frage der Militärstrafprozeßordnung und des Vereinsgesetzes, eine Verständigung der Regierung mit dem Reichstage herbeizuführen. Die volle Einsicht in die Arbeiten und Kämpfe der Reichskanzlerschaft wird erst dann möglich sein, wenn der dritte Band der „Denkwürdigkeiten" vorliegt. Man wird dann besser als heute ermessen, wie Hohenlohe sich auch in der letzten Periode seines Lebens, wenn nicht in schöpferischen Akten, so doch in der Hinderung schwerer Mißgriffe und nachhaltiger Störungen des öffentlichen Vertrauens um das Vaterland verdient gemacht hat.

Als Hohenlohe das Amt des Reichskanzlers übernahm, war er 75 Jahre alt. Unausgesetzte harte Kämpfe, nicht mit der Volksvertretung, aber mit den Vertretern entgegengesetzter Tendenzen und persönlichen Widersachern, erschöpften die Kräfte des greisen Staatsmannes. Dennoch war es nicht eigentlich das Versagen der Kraft, das ihn im Oktober 1900 bestimmte, sein Amt niederzulegen, sondern die bei dem Einundachtzigjährigen begreifliche Unlust, seine Stellung in stetem Kampfe zu behaupten. Entscheidend war die Überzeugung, die sich ihm aus verschiedenen Beobachtungen aufdrängte, daß ein Wechsel in der Person des Reichskanzlers „dem Kaiser nicht unangenehm sein würde". Die tatsächliche Leitung der großen Politik war in der letzten Zeit mehr und mehr in die Hände des damaligen Staatssekretärs des Auswärtigen Amts übergegangen, und man kann es begreifen, wenn dieser den Zeitpunkt gekommen glaubte, wo er beanspruchen konnte, nun auch den Namen und die Würde des Reichskanzlers zu führen. Hohenlohe sagte mir bald nach seinem Abschiede: „Wenn man zu zweien auf einem schmalen Pfade durch einen Wald gehen muß, so ist das schwierig, aber es läßt sich machen. Wenn aber noch ein Dritter dazu kommt, so wird die Sache unmöglich." Es entsprach Hohenlohes Natur, daß ihm eine friedliche Lösung dieser Spannung erwünscht war, und er mochte der öffentlichen Wirksamkeit um so eher entsagen, als die Muße keineswegs Müßiggang bedeuten sollte.

Ein durch vielseitige Bildung genährtes produktives Bedürfnis seines Geistes hatte Hohenlohe im Verlaufe langer Geschäftstätigkeit nur gelegentlich in Mußestunden befriedigen können. In der Jugend war eine lebhafte poetische Empfindung in lyrischen Versuchen zu Worte gekommen, so daß er sich selbst einen „verdorbenen Poeten" nannte. Die Liebe zur Poesie ist ihm bis ins hohe Alter geblieben. Die Gattin seines jüngsten Bruders Konstantin erzählt, wie er auf einer Gemsjagd die ihm zugetriebenen Gemsböcke verpaßte, weil er ihr Gedichte rezitierte. Bei Erlebnissen, die ihn tief bewegten, wie dem Tode seiner Tochter Stefanie, wußte er für seine Empfindung einen ergreifenden poetischen Ausdruck zu finden. Auch als Politiker hatte Hohenlohe das Bedürfnis, seinen Gedanken eine stilgerechte Form zu geben. Es befriedigte ihn, gelegentlich Journalist zu werden und in geistreichen, von feiner Ironie gewürzten Aufsätzen seinen Widersachern entgegenzutreten. Mehr und mehr wurden die eigenen Erlebnisse in seiner politischen Tätigkeit der Stoff, den sein Geist auch literarisch zu gestalten suchte. So entstand der Wunsch, am Ende der amtlichen Wirksamkeit, was er in langen Jahren in Mußestunden aufgespeichert hatte, zu einem Gesamtbilde seines Lebens zu gestalten und dieses Bild der Zeitgeschichte als ein würdiges Vermächtnis dem deutschen Volke zu hinterlassen. Die Ausführung dieses Vorhabens war dem Fürsten nicht beschieden. Am 31. März 1901 hatte er mich aufgefordert, ihm bei der Sichtung des Materials und der Redaktion des Werks behilflich zu sein und zu diesem Zweck im Sommer nach Schillingsfürst zu kommen. Am 6. Juli endete sein Leben in Ragaz. Hohenlohe hatte aber die Herausgabe seiner Denkwürdigkeiten auch für diesen Fall gesichert, indem er seinem Sohne, dem Prinzen Alexander, die Verfügung über seinen schriftlichen Nachlaß übertragen und dessen Zustimmung zu der Fortdauer des mir erteilten Mandats festgestellt hatte.

Die Art, wie der letzte Wille des Fürsten ausgeführt wurde, ist hier nicht zu vertreten, da sie nicht sein Werk war. Wohl aber gehört zum Charakterbild des Menschen und des Staatsmannes, daß diese Publikation, und zwar nicht nach fünfzig

Jahren, sondern gleich nach seinem Ausscheiden aus dem Staatsdienst, sein Wille gewesen ist. Er hielt offenbar die Einsicht der gebildeten Kreise in den Werdegang der politischen Ereignisse für ein Mittel zur Förderung der politischen Bildung und Urteilsfähigkeit und wollte für die Überzeugungen, die sein Leben beherrscht haben, nach seinem Scheiden aus dem Amte als Schriftsteller öffentlich eintreten. Vor allem war es das natürliche Verlangen einer ausgesprochenen literarischen Begabung, das die allmähliche Vorbereitung des Werks und endlich den Entschluß zu seiner Vollendung hervorgerufen hat. Scharfe Beobachtung, lebendige Wiedergabe und eine wahrhaft künstlerische Gestaltungskraft geben den Denkwürdigkeiten, soweit sie von Hohenlohe selbst geschrieben sind, einen hohen Rang in der zeitgeschichtlichen Literatur. Die Darstellung von gesellschaftlichen Zuständen, Landschaften, Persönlichkeiten und geschichtlichen Vorgängen ist durchweg wahrheitsgetreu, ohne jede Tendenz und dabei von einer höchst reizvollen Anmut der Form. Man lese z. B. die feinsinnige und liebevolle Schilderung der römischen Gesellschaft im Jahre 1856, die Reise nach England von 1859 mit der fesselnden Darstellung des damaligen englischen Hofes, die Jagdausflüge in Litauen, die in ihren stimmungsvollen Naturschilderungen an Turgenjews „Skizzen aus dem Tagebuch eines Jägers" erinnern, dann wieder mehr humoristische Erlebnisse, wie der Empfang des Sultans in Nürnberg im Juli 1867, vor allem die glänzende Darstellung des Berliner Kongresses von 1878, welche Bismarck und mit ihm Deutschland auf der Höhe seiner europäischen Machtstellung verewigt, und man wird begreifen, daß einer solchen literarischen Begabung die Darstellung der eigenen Erlebnisse ein Bedürfnis sein mußte. Es war ein schöpferisches Verlangen, was die Entstehung der „Denkwürdigkeiten" hervorgerufen hat, nicht das bei verabschiedeten

Staatsmännern so häufige Bestreben, die eigenen Taten vor der Nachwelt zu vertreten, und ebensowenig der Wunsch einer tendenziösen Einwirkung auf die öffentliche Meinung. Bismarcks „Gedanken und Erinnerungen" sind ein Werk aktiver Politik, die literarische Fortsetzung der Kämpfe, die sein Leben erfüllt haben. Der Leser soll die Vergangenheit so sehen, wie sich diese dem Verfasser in der leidenschaftlichen Erregung des politischen Streits darstellte. Daher die hinreißende Kraft der Darstellung, die den Leser überwältigt, so daß er sich erst sammeln und besinnen muß, um dann einzusehen, daß das Werk als Geschichtsquelle nur mit Vorsicht zu benutzen ist. Hohenlohe, der niemals in dem Maße wie Bismarck im politischen Kampfe aufgegangen war, wollte am Schlusse seiner Laufbahn in reiner, durch keine Leidenschaft getrübter Anschauung sein Leben und seine Zeit betrachten und ein lebendiges, wahrheitsgetreues Bild hinterlassen. So sehr man bedauern muß, daß der Einundachtzigjährige für die Erfüllung dieses Wunsches zu früh gestorben ist, so sind doch die „Denkwürdigkeiten" durch die Fülle dessen, was von Hohenlohes Feder herrührt, ein Quellenwerk von hervorragender Bedeutung und eine Einführung in die deutsche Politik des 19. Jahrhunderts, die ihnen den Anspruch gibt, ein wahres Volksbuch zu werden.

Als Hohenlohe meine Dienste für die projektierte Arbeit in Anspruch nahm, wandte ich ein, daß ein Historiker, dessen Spezialfach die neueste Geschichte wäre, für die Zwecke des Fürsten tauglicher sein dürfte. „Nein," erwiderte er, „ich habe Sie gewählt, weil Sie meine, die idealistische, Weltanschauung teilen." Dieses Bekenntnis scheint mir wichtig, nicht nur für das Verständnis der Absicht, welche Hohenlohe mit der Publikation verfolgte, sondern auch für seine Stellung in der deutschen Einheitsbewegung und sein Verhältnis zu

Bismarck. Er hat dieser seiner Lebensauffassung auch öffentlich gern Ausdruck gegeben. In einer Straßburger Rede zitierte er ein Wort seines Freundes Döllinger, daß „zuletzt nicht materielle Interessen und Leidenschaften die Welt bewegen und in der Geschichte der Menschheit die Entscheidungen herbeiführen, sondern die großen Gedanken". In einem Trinkspruch auf Windelband als Rektor der Straßburger Universität pries er den Philosophen, für den die „veritates aeternae" kein überwundener Standpunkt seien und der in der Jugend die ideale Weltanschauung lebendig halte, ohne die das Leben keinen Wert habe. Und bei dem Festmahl zum Jubiläum der preußischen Akademie der Wissenschaften sagte der Achtzigjährige: „Ich bin alt geworden in dem Glauben an den Fortschritt der Menschheit, an den aufsteigenden Fortschritt. Nun gestehe ich, daß mein Glaube in den letzten Jahren etwas erschüttert worden ist. Der naturnotwendige Kampf ums Dasein hat in neuerer Zeit eine Richtung, eine Form angenommen, die an Vorgänge in der Tierwelt erinnert und die einen Fortschritt in absteigender Linie befürchten läßt." Hohenlohe dachte dabei an die wirtschaftlichen Kämpfe, welche ihm damals schwere Stunden bereiteten, wie er denn auch gelegentlich den Frieden seiner Jugend pries, „wo es noch keine Agrarier und keine Sozialdemokraten gab". Aber er hatte schon lange eine peinliche Empfindung von einem Rückgang der durchschnittlichen Geisteskultur in Deutschland. Nach einem mit großem Aufwand ausgestatteten Ballett im Berliner Opernhause schrieb er 1869: „Wenn man sieht, wie solche Sachen bewundert werden, so überschleicht einen das wehmütige Gefühl, daß die Menschheit zurückgeht." Die Wahrnehmungen, die solche Äußerungen veranlaßten, waren Symptome der Einwirkung der Revolution von 1866 auf das deutsche Geistesleben.

Der Idealismus, zu dem sich Hohenlohe bekennt, fordert, daß auch die Politik sich einer Gesamtanschauung von Welt und Leben anpasse und die aus dieser sich ergebenden Werturteile für sich gelten lasse. Er ist das Gegenteil einer Politik, die sich „Realpolitik" zu nennen pflegt, deren Wesen aber darin besteht, daß sie das politische Handeln aus dem Gesamtbereiche des menschlichen Handelns aussondert und für dieses Gebiet nur das Streben nach Macht, deren Gewinn, Befestigung, Ausbreitung und Vermehrung gelten läßt. Diese materialistische Politik konstituiert ein Reich, das gewissermaßen in der Mitte liegt zwischen der Natur, in der nur Kraft und Stoff wirken, und der Welt des Geistes, in welcher der sittliche Zweck das vernünftige Handeln bestimmt. Die Politik ist dann bewußtes menschliches Handeln nach Analogie der Naturprozesse, bewußte Unterstellung des menschlichen Denkens und Wollens unter die Herrschaft des Triebs. Der innere Widerspruch dieses Verhältnisses ist so stark, daß die sog. Realpolitik immer nur als eine Übergangserscheinung begriffen werden kann, die dann eintritt, wenn infolge eines gewaltsamen Umsturzes ein Vakuum in der Welt der Ideen entstanden ist, indem eine zeitlich bedingte Weltanschauung unzeitgemäß geworden ist, ohne daß eine neue an ihre Stelle getreten wäre.

Aus der Geistesbewegung der Freiheitskriege waren zwei verschiedene Gedankenrichtungen hervorgegangen, die konservative und die liberale, die sich beide mit einem gewissen Recht auf diesen Ursprung beriefen. Die Freiheitskriege brachten die Wiederherstellung des Vergangenen, das die Revolution abgetan zu haben glaubte. Daher boten die Ereignisse die Grundlage einer konservativen Weltanschauung. Ihr Grundzug war die Wiederherstellung des durch die Aufklärung untergrabenen alten Kirchenglaubens und einer dementsprechenden Ethik, die das ganze Gebiet des menschlichen

Handelns umfaßte. Daraus folgte eine Staatslehre, welche die willige Unterordnung unter die bestehenden Gewalten und die Wahrung des Rechts im Verhältnis der Staaten zueinander forderte, das Recht der Völker auf Selbsthilfe verwarf und damit die Aussichtslosigkeit der durch den Wiener Kongreß verworfenen nationalen Aspirationen besiegelte. Dieser alte Konservatismus hatte die Kraft und die Wärme eines religiösen Glaubens. In den politischen Ideen der Gebrüder Gerlach und später Stahls lebt ein Geist, dessen Echtheit und Tüchtigkeit auch derjenige empfindet, den seine praktischen Konsequenzen zu entschiedenem Widerspruch reizen. Der junge Bismarck hatte sich dieser Weltanschauung mit der ganzen Kraft seines leidenschaftlichen Gemüts hingegeben. Er hoffte es zu erleben, „daß das Narrenschiff der Zeit am Felsen der christlichen Kirche scheiterte". Das war sein Bekenntnis beim Eintritt in das politische Leben, in dem er sich gegen die nationale Bewegung von 1848, auch gegen den preußischen Versuch ihrer Wiederaufnahme in monarchischem Geiste radikal ablehnend verhielt. Er begann seine Tätigkeit am Bundestage als Freund und Gesinnungsgenosse Leopolds von Gerlach und Vertreter einer Politik, die die Erhaltung des bestehenden Rechts als eine Forderung des christlichen Glaubens vertrat. Aber in den Reibungen mit den österreichischen Anmaßungen am Bundestage erwachte in ihm das preußische Selbstgefühl und steigerte sich zu dem Entschlusse der Wiederaufnahme der Politik Friedrichs des Großen. Damit war der Bruch mit der konservativen Weltanschauung vollzogen. Friedrich der Große ist Freigeist gewesen. Ein Staatsmann, der friderizianische Politik treibt, kann nicht im Sinne der älteren konservativen Anschauung fromm sein. Die Politik Bismarcks, die mit der Revolution von 1866 zur Vollendung kam, ist die schärfste Verleugnung der alten konservativen Grundsätze. Er hat die Partei, der er angehörte, als Vertretung einer Weltanschauung vernichtet. Was von dieser Partei übriggeblieben ist, ist die Vertretung wirtschaftlicher Interessen und die Behauptung der maßgebenden Stellung des Junkertums im preußischen Staatswesen. Das zeigt sich in der Tatsache, daß die konservative Partei seit Stahls Tod keinen produktiven politischen Denker hervorgebracht hat. Es gibt keine konservative Weltanschauung mehr. Daher bekennen sich die Politiker, die das Klasseninteresse der ehemals im idealen Sinne konservativen Kreise vertreten, heute zu der sog. Realpolitik und verehren in der Macht als solcher die Gottheit der Politik. Bismarck aber war so viel größer als seine Partei, daß er die Unentbehrlichkeit politischer Ideale erkannte und durch dieselbe Entwicklung, die ihn zum Bruch mit seinen alten Freunden führte, zur Annäherung an den Idealismus der Liberalen genötigt wurde.

Die Erhebung Preußens gegen Napoleon ließ sich nämlich noch aus einem anderen Gesichtspunkte betrachten als dem der Restauration. Sie war, ehe die Regierung sich zu ihr bekannte, eine Volksbewegung. Zum ersten Male in der deutschen Geschichte trat hier das Volk als handelnde Person auf, drängte den bedenklichen, zaudernden Herrscher und stand mit gesammelter Kraft hinter den Feldherren und Staatsmännern, welche den Entscheidungskampf leiteten. Aus diesem Geschehen entstand ein neuer politischer Idealismus, welcher in der Darstellung und Vollendung der Volkspersönlichkeit das Ziel der Politik sah. „Ein ganzes Volk," schreibt Hohenlohe im Jahre 1862, „dessen einzelne Stämme, verbunden durch gemeinsame Sprache und Literatur, bewegt durch gleiche Interessen, infolge der erleichterten Verkehrsmittel mit jedem Tage in immer engere Verbindung treten, wird auf die Dauer einen Zustand staatlicher Zersplitterung nicht ertragen, der es zum Spielball fremder Intrigen und zum Spott fremder Nationen macht." Die klassische Zeit unserer Literatur hatte eine Einheit des Geistes in der Bildung der Nation geschaffen. Jetzt verlangte dieser Geist nach einem Körper. Nicht die Masse, aber die Bildungsschicht. Führer der Bewegung waren die Universitäten, deren Jugend, vom Schlachtfelde in die Hörsäle zurückgekehrt, den Glauben an ihre Ideale durch ein hartes Martyrium bewährt hatte. Hohenlohes Freund war August von Binzer, der Dichter des Glaubensliedes der Burschenschaft: „Wir hatten gebauet". Aus der geistigen Bewegung an den deutschen Universitäten ist das nationale Ideal der deutschen Einheit entstanden. In dem Frankfurter Parlament saßen die hervorragendsten Gelehrten Deutschlands, denen die begeisterte Verehrung der akademischen Jugend und die Hochachtung der ganzen Bildungsschicht gehörte, und zehn Jahre nach der großen Enttäuschung wurde die Schillerfeier von 1859 eine mächtige Manifestation des Einheitsgefühls der Nation und ihrer ungebrochenen Hoffnung. Hier war eine neue Weltanschauung, welche, aus der deutschen Bildung geboren, nach dem deutschen Staate verlangte, eine Einheit von Denken und Streben, die gebieterische Forderung einer neuen Politik, die in dem deutschen Geiste wurzelte. Dieser neue Idealismus war besonders in den deutschen Mittelstaaten und Kleinstaaten zu Hause. Österreich war ein nur zum kleineren Teile deutscher Staat, in welchem der Absolutismus jede Regung des neuen Geistes niederhielt. Preußen war allerdings nach Hohenlohes Ansicht der natürliche Verbündete des Liberalismus. Es war seine Aufgabe, „den Protestantismus in seiner weitesten Bedeutung — die Entwicklung des menschlichen Geistes innerhalb der gesetzlichen Sphäre — zu befördern". Aber in den herrschenden Kreisen Preußens war das national-deutsche Gefühl gebunden durch die stolzen Erinnerungen eines historischen Sonderlebens, das seinen eigensten Charakter nicht durch den nationalen Gedanken, sondern durch den Ehrgeiz und die Genialität großer Herrscher empfangen hatte. Daraus erklärt sich Hohenlohes Vorliebe für die dritte Gruppe der Deutschen und die besondere Färbung, welche die Einheitsidee zwischen 1848 und 1866 bei ihm nahm, das Verlangen nach politischer Sammlung der 19 Millionen Deutscher, die weder Österreicher noch Preußen waren. Deshalb war Hohenlohe von seiner Jugend an der Verbündete des süddeutschen Liberalismus. Der Liberalismus war nicht, wie Stahl lehrte, der Geist des Umsturzes in seiner mildesten, wenigst gefährlichen Form, sondern das politische Ergebnis der deutschen klassischen Bildung. „Ich bin der Ansicht Wilhelms von Humboldt," schreibt der dreiundzwanzigjährige Hohenlohe, „daß das hauptsächliche Streben des Menschen dahin gehen muß, sich als Individuum auszubilden und nach Vollkommenheit zu ringen, um durch das, was er geworden ist, auf andere zu wirken und so Nutzen zu stiften." In Wilhelm von Humboldts Briefen an eine Freundin findet er „seine eigenen Gedanken auf jeder Seite". Geistige Tätigkeit macht allein glücklich, auch die Ehe ist Mittel zur Veredelung der Natur des Mannes — in solchen Äußerungen bekundet sich das Lebens- und Bildungsideal unserer klassischen Literatur. Ein Mensch, der den Wilhelm Meister mit Verstand gelesen und seinen Geist in sich aufgenommen hat, kann unmöglich das Ziel der Bildung darin finden, sich einer politischen Organisation mit ihren Machtbestrebungen rückhaltlos hinzugeben, so daß das eigene innere Leben nur die Reproduktion des Geistes ist, der die Korporation beherrscht. Egalisierung und Uniformierung des Geistes ist das Streben des Junkertums und des Militarismus. Die Erziehung für diesen Zweck ist neben dem Heeresdienst das Korpsleben auf den Universitäten mit seiner einseitigen Ausbildung in der

Fechtkunst bei Zurückweisung der Mittel zu historischer und philosophischer Belehrung, welche die Universität der Jugend bietet. Es ist ein klug erdachtes Mittel, die Jugend der höheren Stände während der unvermeidlichen und aus Gründen des Lebensgenusses auch erwünschten akademischen Lebensperiode vor der Ansteckung durch den Geist der deutschen Universitäten zu bewahren. Hohenlohe hielt sich als Student von den Korporationen, in denen der niedere Adel seine Zusammengehörigkeit und seine Lebensanschauung betätigt, fern und verwandte seine Zeit zu ernstem Studium, seine Muße zum Verkehr mit Standesgenossen, aber auch mit bürgerlichen Studiengenossen. Ein ausgesprochenes Standesgefühl hat er nie verleugnet. In Koblenz inmitten der Fröhlichkeit der jungen Juristen erinnert er sich in seinem Tagebuch an die Zurückhaltung, die ihm sein Rang zur Pflicht macht. Den Winter 1856/57 verlebte er in Rom mit der besonderen Absicht, wie er schreibt, die Sonderstellung der Mediatisierten in dem Zeremoniell des päpstlichen Hofes zur Geltung zu bringen. Aber die ruhige Sicherheit dieses Standesgefühls erzeugte die echte Vornehmheit, welche ein hochmütiges Herabsehen auf andere Kreise der Gesellschaft ausschließt und dem Fürsten die Möglichkeit gab, dem gebildeten Bürgerstande im geschäftlichen und gesellschaftlichen Verkehr nahe zu kommen und die Bestrebungen dieser Gesellschaftsklasse zu verstehen und zu vertreten. Infolge der gleichen Bildung fühlte er sich ihnen näher als den preußischen Junkern. Darauf beruht der Einfluß, den Hohenlohe zuerst in Bayern und später in Berlin in den Kreisen der liberalen Politiker ausübte, das starke Vertrauen, das er in allen nicht ultramontanen Kreisen Süddeutschlands genoß. Er war gern und mit Freudigkeit Parlamentarier und bildete eine Zierde des Deutschen Reichstags in einer Zeit, in welcher dieser an großen Talenten und ausgezeichneten Rednern reich war. Das Zollparlament und dann der Reichstag wählten ihn zum Vizepräsidenten. Hohenlohe war als Mitglied des hohen Adels und bayerischer Reichsrat doch der anerkannte Vertrauensmann des gesamten süddeutschen Liberalismus.

Wenn Bismarck in seiner Frankfurter Zeit von den Berliner Freunden schonende Vorwürfe hören mußte, weil es ruchbar wurde, daß er in Frankfurt mit Liberalen verkehrte, so verteidigte er sich mit der Bemerkung, er halte es mit den Liberalen, wie es die Könige von Frankreich mit den Protestanten gehalten hätten, die sie im eigenen Lande verfolgten, im Auslande aber begünstigten. Er wußte, daß die Ziele der preußischen Politik in Deutschland nicht restlos zu erreichen waren ohne die Mitwirkung des öffentlichen Geistes in den kleineren Staaten, die schlechterdings nur bei den Liberalen zu erwarten waren. Daher wandte er sich im Frühling 1866 an Treitschke, um ihn für die publizistische Vertretung seiner Politik zu gewinnen. Hohenlohe aber hatte aus den Erfahrungen von 1848 gelernt, daß das Ziel der nationalen Einigung auf dem Wege einer Propaganda der Ideen nicht zu erreichen war, daß vielmehr die entgegenwirkenden Kräfte des Beharrens durch eine überlegene Macht überwunden werden mußten. Der preußische Ehrgeiz war in seinem innersten Wesen undeutsch, mehr noch als der süddeutsche Partikularismus. Er war die Quelle militaristischer Verhärtung, einer tiefgehenden Entfremdung von den Idealen der deutschen Weltanschauung. Aber in ihm war die Kraft des Willens verkörpert, welche die schwersten Hindernisse zu zerbrechen vermochte. Hohenlohe mußte sich um seiner politischen Ideale willen mit dem genialen Vertreter der preußischen Machtpolitik verbünden. Er wußte die Konsequenz dieses Bündnisses zu tragen, auch wo es seine eigensten Gedanken störte. So wurde seine Idee einer mehr föderalistischen Neugestaltung Deutschlands durch Bismarcks rasches Vorgehen bei der Reorganisation des Zollvereins im Keime erstickt. Aber der Einheitsgedanke war ihm so sehr Hauptsache, daß persönliche Mißerfolge ihn niemals in die Opposition treiben konnten. An seinem achtzigsten Geburtstage hat Hohenlohe seine Stellung zu Bismarck mit den Worten bezeichnet: „Ich war schon vor fünfzig Jahren ein Vorkämpfer der deutschen Einheit und habe treu mitgearbeitet, wenn auch gewissermaßen nur als ständiger Hilfsarbeiter." Man kann auch sagen: Der deutsche Geist, die deutsche Bildung war der Mitarbeiter an der Ausführung des Plans, den der preußische Ehrgeiz gebildet und die preußische Waffenmacht ausgeführt hat. Ein solches Zusammenwirken von Macht und Geist ist das Kennzeichen aller produktiven Perioden der geschichtlichen Entwicklung.

Es wäre wunderbar, wenn in der Arbeitsgemeinschaft zweier so grundverschiedener Naturen wie Bismarck und Hohenlohe nicht auch Meinungsverschiedenheiten vorgekommen wären, die das Einvernehmen vorübergehend trübten. Man hat es der Redaktion der „Denkwürdigkeiten" verdacht, daß solche Züge nicht unterdrückt worden sind. Mir scheint, daß es der politischen Bildung nicht förderlich ist, wenn die Darstellung der Zeitgeschichte an den führenden Persönlichkeiten die Ecken und Kanten abschleift, so daß sie nur noch Typen werden, nicht mehr lebendige Menschen mit „ihrem Widerspruch". Es gibt sehr wenige Bücher, die von Bismarcks Persönlichkeit, von der in jeder Situation, in jedem Worte sich aussprechenden Genialität ein so eindrucksvolles, auf reiner Anschauung beruhendes Bild geben, wie Hohenlohes „Denkwürdigkeiten". Wenn sein ganzes Bestreben in seiner Amtsführung darauf gerichtet war, mit Bismarck zu harmonieren, seine Arbeit zu unterstützen, Gegenwirkungen unschädlich zu machen, so ist es höchst begreiflich, daß er Meinungsverschiedenheiten schmerzlich empfand und in solchen Fällen in seinen Aufzeichnungen auch seinem Unmut Luft machte. Nur sehr minderwertige Verehrer des großen Mannes können verlangen, daß man an seine Unfehlbarkeit glaube. Das Verhältnis Bismarcks zu Hohenlohe, wie es der klassische Brief vom 1. Januar 1878 darstellt, ist durch gelegentliche Differenzen nicht getrübt worden. „Bismarck weiß von mir," schreibt Hohenlohe, „daß ich ihn nicht betrüge," und im Kreise seiner Familie hat Bismarck Hohenlohe als den einzigen Menschen bezeichnet, auf den er sich verlassen könne. Als Hohenlohe am Tage des fünfundzwanzigjährigen Bestehens des Bundesrats, dem 21. März 1896, Bismarcks gedachte, nannte er es „einen schönen Zug im Charakter des deutschen Volks, daß es dem Manne unentwegt treue Verehrung entgegenbringt, der sein Leben eingesetzt hat, um die seit Jahrhunderten unbefriedigte Sehnsucht der deutschen Nation zu erfüllen". Am folgenden Tage schrieb ihm Bismarck: „Ew. Durchlaucht bitte ich für die wohlwollende und ritterliche Kundgebung, durch die Sie meiner bei der gestrigen Feier gedacht haben, den verbindlichsten Ausdruck meines Dankes entgegennehmen zu wollen." An dieser authentischen Feststellung des Verhältnisses beider Männer dürfte auch die Nachwelt sich genügen lassen.

Mit Bismarcks Scheiden aus dem Amte hatte die überlegene Führung der Reichsgeschäfte, welche die Gegensätze zur Harmonie zu zwingen wußte, ihr Ende erreicht. Hohenlohe fühlte sich nach den bitteren Erfahrungen der Reichskanzlerschaft am Ende seines Lebens mehr denn je als Süddeutscher und Liberaler. Bei einer Serenade in Wildbad im Juli 1897 dankte er „für den gemütlichen Gruß, den die süddeutschen Landsleute dem süddeutschen Reichskanzler" darbrachten. Und in einer Aufzeichnung vom 15. Dezember 1898 nach einer

Hofjagd in Springe heißt es: „Wenn ich so unter den preußischen Exzellenzen sitze, so wird mir der Gegensatz zwischen Norddeutschland und Süddeutschland recht klar. Der süddeutsche Liberalismus kommt gegen die Junker nicht auf. Sie sind zu zahlreich, zu mächtig und haben das Königtum und die Armee auf ihrer Seite. Auch das Zentrum geht mit ihnen. Alles, was ich in diesen vier Jahren erlebt habe, erklärt sich aus diesem Gegensatze. Die Deutschen haben recht, wenn sie meine Anwesenheit in Berlin als eine Garantie der Einheit ansehen. Wie ich von 1866 bis 1871 für die Vereinigung von Nord und Süd gewirkt habe, so muß ich hier danach streben, Preußen beim Reich zu erhalten. Denn alle diese Herren pfeifen auf das Reich und möchten es lieber heute als morgen aufgeben." Es spricht wohl etwas von der Melancholie des Greisenalters aus dieser Herzenserleichterung. Aber sie bezeichnet doch einen Gegensatz, der ein Stück deutscher Geschichte ist. Hat doch der preußische Militarismus erst die Katastrophe von Zabern herbeigeführt, welche die patriotische Arbeit der deutschen Verwaltung im Elsaß vernichtete, dann durch die brutale Ausübung der Diktatur während des Kriegs den Abfall fast des ganzen Landes vollendet und schließlich durch seine Beherrschung der Politik das Reich, das er geschaffen hatte, zu Grunde gerichtet.

„Zu gewaltigen Taten hatte ich keine Gelegenheit," sagte Hohenlohe bei der Feier seines achtzigsten Geburtstages. Blickt man auf die Periode seiner öffentlichen Wirksamkeit, wo er die bayerische Politik selbständig leitete, so ist die Erfolglosigkeit seiner Bestrebungen augenscheinlich. Das Ziel, dem er zustrebte, war der verfassungsmäßige Anschluß der süddeutschen Staaten an Norddeutschland. Aber dieses Ziel wurde erst nach seinem Abgange unter dem Druck weltgeschichtlicher Ereignisse und in anderer Weise, als sein Plan gewesen, erreicht. Und die großgedachte Aktion gegen den Ultramontanismus wurde erst durch die Gleichgültigkeit der katholischen Regierungen, dann durch den Übereifer der preußischen Regierung vereitelt. Der Grund des Mißerfolgs lag in beiden Fällen in den Verhältnissen, die stärker waren als die Persönlichkeit. Doch auch dieser mangelte die urwüchsige, robuste Kraft, die sich gegen alle Hindernisse durchsetzt. Rücksichtsloses, gewalttätiges Vorgehen lag außerhalb der Möglichkeiten von Hohenlohes Natur. Es fehlte ihm nicht an politischem Ehrgeiz und er verstand es, gegen öffentliche und geheime Anfechtungen seine Stellung zu behaupten. Aber er war stärker in der Defensive als im Angriff. Die Wucht der Leidenschaft, mit der Bismarck seine Gegner haßte und verfolgte, dieser kriegerische Geist der inneren Politik lag außerhalb des Bereichs seiner Bildung und seines Temperaments. Er glich darin Wilhelm von Humboldt, dessen Bildungsideal er treu geblieben war. Hohenlohe war von unermüdlicher Arbeitsfreudigkeit bis ins Greisenalter. Aber gerade dieser Fleiß, der alles prüfte, die Gewissenhaftigkeit und Besonnenheit seines Geistes machten ihm rasche Entscheidungen schwer. „Es muß sich erst langsam alles vor mir aufrollen," schreibt er, „ehe ich ein richtiges Bild bekomme." Vor dem Abschluß dieses Denkprozesses mochte er nicht handeln. Daher war er nicht zum Kampfe geeignet, der plötzliche, den Gegner überraschende Entschlüsse fordert. Aber gerade die Ruhe seines Temperaments und die Elastizität des Geistes machten ihm das Ausharren in schwierigen und verwickelten Situationen möglich, wo ein rasch durchgreifendes Wesen einen sofortigen Bruch herbeigeführt hätte. So war seine Stellung zu König Ludwig von Bayern und später zu Kaiser Wilhelm II. Er konnte in beiden Stellungen durch ruhiges Erwägen und geduldiges Ausharren hervorragende Dienste leisten.

In seiner religiösen Überzeugung ist Hohenlohe nicht zu einem klaren Abschluß gekommen. In seiner Jugend lebte er in der Frömmigkeit des romantischen Katholizismus. Als Student liest er mit Begeisterung den Thomas a Kempis in der Ursprache und fühlt sich verletzt durch die Feindseligkeit der in Heidelberg herrschenden Aufklärung gegen das, was sie „Pietismus" nannte. Bei der in reiferen Jahren eintretenden Abneigung gegen das Dogmatische besuchte er doch inmitten der Stüme des Frühlings 1848 die abendlichen Maiandachten. Über den Aufenthalt am päpstlichen Hofe während der Reichsgesandtschaft schreibt er: „Mein Aufenthalt in Gaëta in der Umgebung des vortrefflichen und edlen Papstes war sehr schön, und ich rechne ihn zu den erhebendsten Tagen meines Lebens." Auch im Winter 1856/57 trat er durch seinen Bruder Gustav, der damals Geheimer Kämmerer Pius' IX war, in freundliche Beziehungen zu dem Papste. Das kirchliche Leben Roms, namentlich die Arbeit des Klerus für Unterricht und Seelsorge, werden in dem römischen Tagebuche mit warmer Sympathie dargestellt. Noch in einer Rede vom 19. April 1869 bekennt sich Hohenlohe zu der Überzeugung, daß die Menschheit „der tröstenden, helfenden und versöhnenden Kirche" zu allen Zeiten bedürfe, „ob sie auch einer streitenden und verdammenden Kirche bedarf," fügt er hinzu, „das mögen die Theologen entscheiden". Infolge der Ablehnung des Unfehlbarkeitsdogmas trat auch in den persönlichen Beziehungen des Fürsten zu seiner Kirche eine gewisse Spannung ein, und dieses Mißverhältnis mußte das Gewicht der kritischen und zweifelnden Momente in seinem geistigen Leben verstärken. Es ist ergreifend, in den „Denkwürdigkeiten", mitten zwischen farbigen Bildern des Weltlebens, plötzlich die ernstesten Reflexionen über die Grundprobleme der Religion zu lesen. Mit dem Alter steigert sich eine pessimistische Stimmung, das Ergebnis langer

Beschäftigung mit den großen Welthändeln; in der Verneinung des Willensdranges und der Resignation wird die Erlösung gesucht. Und doch finden sich, namentlich in der Korrespondenz mit der protestantisch-gläubigen Schwester Elise, immer wieder Äußerungen des Verlangens nach einem Trost und einem Frieden, der mehr ist als Resignation. Hohenlohe war auch darin ein Sohn unserer klassischen Literatur, daß ihm in Lessings Geiste das unablässige Suchen der Wahrheit deren Besitz ersetzen mußte. Ist doch in der Unzerstörbarkeit dieses Suchens die Wahrheit selbst und ein letzter Grund, ein letztes Ziel des Menschenlebens gegeben. In der Erscheinung des greisen Staatsmannes, wie sie das Gemälde Laszlos meisterhaft getroffen hat, ist der durchdringende, forschende Blick des dunklen Auges das Bekenntnis eines ungelösten Rätsels, einer ungestillten Sehnsucht.

Hohenlohe ist der Vertreter des geistigen Deutschlands, das in dem Bewußtsein seiner Einheit nach politischer Gestaltung verlangte, sie aber mit den Mitteln des Geistes nicht verwirklichen konnte. Andere Kräfte mußten die harte Arbeit verrichten, die zu Neubildungen in der Staatenwelt erforderlich ist. Aber was so geschaffen wurde, kann die Nation nur dann wahrhaft befriedigen, wenn es mit ihren innerlichsten und tiefsten Überzeugungen und Bedürfnissen harmoniert. Die deutsche Politik muß immer wieder den Weg finden, auf dem ihr der Idealismus des deutschen Geistes folgen kann. Diese Aufgabe soll die Erinnerung an den Fürsten Chlodwig Hohenlohe den künftigen Staatsmännern Deutschlands einprägen.

Regierungsführung Deutsches Reich

Deutsches Kaiserreich

Name	Amt	Amtszeit
Fürst Otto von Bismarck (1815 - 1898)	Reichskanzler	16.04.1871 - 20.03.1890
Graf Leo von Caprivi (1831-1899)	Reichskanzler	20.03.1890 - 26.10.1894
Fürst Chlodwig zu Hohenlohe-Schillingsfürst (1819 - 1901)	Reichskanzler	29.10.1894 - 17.10.1900
Fürst Bernhard von Bülow (1849 - 1929)	Reichskanzler	17.10.1900 - 14.07.1909
Theobald von Bethmann-Hollweg (1865 - 1921)	Reichskanzler	14.07.1909 - 13.07.1917
Georg Michaelis (1857 - 1936)	Reichskanzler	14.07.1917 - 01.11.1917
Graf Georg von Hertling (1843 - 1919)	Reichskanzler	01.11.1917 - 30.09.1918
Prinz Max von Baden (1867-1929)	Reichskanzler	03.10.1918 - 09.11.1918

Weimarer Republik

Name	Amt	Partei	Amtszeit
Friedrich Ebert (1871 - 1925)	Reichskanzler	SPD	09.11.1918 - 10.11.1918
	Vorsitzender des Rates der Volksbeauftragten		10.11.1918 - 11.02.1919
Hugo Haase (1863 - 1919)	Vorsitzender des Rates der Volksbeauftragten	USPD	10.11.1918 - 29.12.1918
Philipp Scheidemann (1865-1939)	Vorsitzender des Rates der Volksbeauftragten	SPD	29.12.1918 - 07.02.1919
	Reichsministerpräsident		13.02.1919 - 20.06.1919
Gustav Bauer (1870-1944)	Reichsministerpräsident	SPD	21.06.1919 - 14.08.1919

Name	Amt	Partei	Amtszeit
Konstantin Fehrenbach (1852 - 1926)	Reichskanzler	Zentrum	25.06.1920 - 04.05.1921
Joseph Wirth (1879 - 1956)	Reichskanzler	Zentrum	10.05.1921 - 22.10.1921 und 26.10.1921 - 14.11.1922
Wilhelm Cuno (1876 - 1933)	Reichskanzler	parteilos	22.11.1922 - 12.08.1923
Gustav Stresemann (1878 – 1929)	Reichskanzler	DVP	13.08.1923 - 03.10.1923
Wilhelm Marx (1963 - 1946)	Reichskanzler	Zentrum	06.10.1923 - 30.11.1923
Hans Luther (1879 - 1962)	Reichskanzler	parteilos	15.01.1925 - 5.12.1925 und 20.01.1926 - 12.05.1926
Otto Geßler (1875 - 1955)	Reichskanzler	DDP	12.05.1926 - 17.05.1926
Wilhelm Marx (1863 - 1946)	Reichskanzler	Zentrum	17.05.1926 - 17.12.1926 und 19.01.1927 - 12.06.1928
Hermann Müller (1876 - 1931)	Reichskanzler	SPD	28.06.1928 - 27.03.1930
Heinrich Brüning (1885-1970)	Reichskanzler	Zentrum	30.03.1930 - 07.10.1931
Franz von Papen (1879 - 1969)	Reichskanzler	Zentrum	01.06.1932 - 17.11.1932
Kurt von Schleicher (1882 - 1934)	Reichskanzler	parteilos	04.12.1932 - 28.01.1933

Nationalsozialismus

Name	Amt	Partei	Amtszeit
Adolf Hitler (1889 - 1945)	Reichskanzler	NSDAP	30.01.1933 - 31.07.1934
	Führer und Reichskanzler		01.08.1934 - 30.04.1945
Joseph Goebbels (1897 - 1945)	Reichskanzler	NSDAP	30.04.1945 - 01.05.1945
Johann Ludwig Graf Schwerin von Krosigk (1887 - 1977)	Leiter der Geschäftsführenden Reichsregierung	parteilos	02.05.1945 - 05.06.1945

Von der Reihe *Deutsches Reich – Schriften und Diskurse* bisher im SEVERUS Verlag erschienen:

Georg Freiherr von Hertling
Historische Beiträge zur Philosophie
Herausgegeben und mit einem Vorwort versehen von Björn Bedey

Reihe *Deutsches Reich – Schriften und Diskurse*
Reichskanzler, Bd. VII/II

ISBN (PB): 978-3-86347-033-3
SEVERUS 2011/364 S./€ 49,50

ISBN (HC): 978-3-86347-034-0
SEVERUS 2011/364 S./€ 69,50

Zum Band

Georg Freiherr von Hertling war Mitglied der Zentrumspartei, Philosoph und Reichskanzler vom 01. November 1917 bis zum 30. September 1918.

Vorliegender Band der Reihe *Deutsches Reich – Schriften und Diskurse* versammelt eine Auswahl seiner philosophiegeschichtlichen Abhandlungen und Vorträge. Hertlings detaillierte wie anschauliche Betrachtungen über das Christentum und die griechische Philosophie, Thomas von Aquin, Eicken, Descartes und Kant bieten einen interessanten Einblick in zeitgenössische Denkweisen und sind für Interessierte der Philosophie wie der Zeitgeschichte gleichermaßen höchst lesenswert.

Zur Reihe *Deutsches Reich – Schriften und Diskurse*

Die Reihe *Deutsches Reich – Schriften und Diskurse* bietet eine Zusammenstellung von Abhandlungen und Vorträgen der deutschen Reichskanzler und anderen authentischen Zeitzeugnissen der politisch und gesellschaftlich stark prägenden Jahre von 1871 bis 1945. Jeder Band ist sowohl kartoniert als auch gebunden erhältlich, er enthält ein Vorwort sowie eine chronologische Auflistung der Reichskanzler, ihrer Lebens- und Amtszeit und ggf. ihrer Parteizugehörigkeit.

„*Die politischen sowie persönlichen Erfahrungen und Handlungen der Deutschen in der Zeit des Deutschen Reiches waren und sind die historische Bürde, aber auch das historische Fundament der von den Siegermächten des Zweiten Weltkriegs 1949 gegründeten Bundesrepublik Deutschland. [...] Für das Verständnis unserer politischen Gegenwart und die Abwägung der Handlungsoptionen für die Zukunft ist die Kenntnis dieser Grundlagen unerlässlich.*" Björn Bedey (Hg.)

www.severus-verlag.de

Von der Reihe *Deutsches Reich – Schriften und Diskurse* bisher im SEVERUS Verlag erschienen:

Georg Freiherr von Hertling
Recht, Staat und Gesellschaft
Herausgegeben und mit einem Vorwort versehen von Björn Bedey

Reihe *Deutsches Reich – Schriften und Diskurse*
Reichskanzler, Bd. VII/I

ISBN (PB): 978-3-86347-093-7
SEVERUS 2011/160 S./€ 39,50

ISBN (HC): 978-3-86347-094-4
SEVERUS 2011/160 S./€ 49,50

Zum Band

Georg Freiherr von Hertling war Mitglied der Zentrumspartei, Philosoph und Reichskanzler vom 01. November 1917 bis zum 30. September 1918.
Im vorliegenden Werk verknüpft der Autor seine Ausführungen über die Grundsätze der hiesigen Rechtsprechung mit den ideologischen Grundproblemen seiner Zeit. Dabei spricht er sich klar gegen sozialistische und liberale Tendenzen aus und plädiert stattdessen für einen starken Staat mit theistischem Wertefundament.
Dieser Einblick in Hertlings politische Ansichten bietet die Gelegenheit, letztere in Beziehung zu seiner späteren Regierungsarbeit als Reichskanzler zu setzen und mit seinem Handeln abzugleichen.

Zur Reihe *Deutsches Reich – Schriften und Diskurse*

Die Reihe *Deutsches Reich – Schriften und Diskurse* bietet eine Zusammenstellung von Abhandlungen und Vorträgen der deutschen Reichskanzler und anderen authentischen Zeitzeugnissen der politisch und gesellschaftlich stark prägenden Jahre von 1871 bis 1945.
Jeder Band ist sowohl kartoniert als auch gebunden erhältlich; er enthält ein Vorwort sowie eine chronologische Auflistung der Reichskanzler, ihrer Lebens- und Amtszeit und ggf. ihrer Parteizugehörigkeit.

„Die politischen sowie persönlichen Erfahrungen und Handlungen der Deutschen in der Zeit des Deutschen Reiches waren und sind die historische Bürde, aber auch das historische Fundament der von den Siegermächten des Zweiten Weltkriegs 1949 gegründeten Bundesrepublik Deutschland. [...] Für das Verständnis unserer politischen Gegenwart und die Abwägung der Handlungsoptionen für die Zukunft ist die Kenntnis dieser Grundlagen unerlässlich."
 Björn Bedey (Hg.)

www.severus-verlag.de

Von der Reihe *Deutsches Reich – Schriften und Diskurse* bisher im SEVERUS Verlag erschienen:

Georg Michaelis
Für Staat und Volk
Ein Lebensbild

Herausgegeben und mit einem Vorwort versehen von Björn Bedey

Reihe *Deutsches Reich – Schriften und Diskurse*
Reichskanzler, Bd. VI/I

ISBN (PB): 978-3-86347-091-3
SEVERUS 2011/440 S./€ 59,50

ISBN (HC): 978-3-86347-092-0
SEVERUS 2011/440 S./€ 79,50

Zum Band

Georg Michaelis (1857 – 1936) war im Jahre 1917 kurzzeitig Reichspräsident und preußischer Ministerpräsident.

In diesem Werk erzählt er seine Lebensgeschichte von den Anfängen als Jurist, über seine anschließende diplomatische Karriere bis hin zum dramatischen Höhepunkt seiner Laufbahn: der Amtszeit als Reichskanzler inmitten der Wirren und Herausforderungen des Ersten Weltkriegs. Seine auf zahlreichen Dienstreisen verfassten privaten Briefe, die in der vorliegenden Autobiographie enthalten sind, verbinden sich mit den Schriftwechseln beruflicher Natur zu einem fesselnden und umfassenden Zeitdokument.

Zur Reihe *Deutsches Reich – Schriften und Diskurse*

Die Reihe *Deutsches Reich – Schriften und Diskurse* bietet eine Zusammenstellung von Abhandlungen und Vorträgen der deutschen Reichskanzler mit anderen authentischen Zeitzeugnissen der politisch und gesellschaftlich stark prägenden Jahre von 1871 bis 1945. Jeder Band ist sowohl kartoniert als auch gebunden erhältlich, er enthält ein Vorwort sowie eine chronologische Auflistung der Reichskanzler, ihrer Lebens- und Amtszeit und ggf. ihrer Parteizugehörigkeit.

„Die politischen sowie persönlichen Erfahrungen und Handlungen der Deutschen in der Zeit des Deutschen Reiches waren und sind die historische Bürde, aber auch das historische Fundament der von den Siegermächten des Zweiten Weltkriegs 1949 gegründeten Bundesrepublik Deutschland. […] Für das Verständnis unserer politischen Gegenwart und die Abwägung der Handlungsoptionen für die Zukunft ist die Kenntnis dieser Grundlagen unerlässlich." Björn Bedey (Hg.)

www.severus-verlag.de

Von der Reihe *Deutsches Reich – Schriften und Diskurse* bisher im SEVERUS Verlag erschienen:

Bernhard von Bülow
Deutsche Politik
Herausgegeben und mit einem Vorwort versehen von Björn Bedey

Reihe *Deutsches Reich – Schriften und Diskurse*
Reichskanzler, Bd. VI/I

ISBN (PB): 978-3-86347-095-1
SEVERUS 2011/240 S./€ 49,50

ISBN (HC): 978-3-86347-096-8
SEVERUS 2011/240 S./€ 69,50

Zum Band

Bernhard von Bülow war Politiker, Staatsmann und Reichskanzler des Deutschen Reiches von 1900 bis 1909. Aufgrund seines starken öffentlichen Auftritts traf von Bülow überall auf hohen Respekt; seine politischen und diplomatischen Handlungen waren und werden dagegen kontrovers beurteilt.

In vorliegendem Werk findet sich eine Sammlung Bülowscher Texte zur außen- und innenpolitischen Situation, zur Wirtschaftspolitik, zu Parteipolitik, Wehrkraft und Militär sowie zum schwierigen Thema der Ostpolitik.

Zur Reihe *Deutsches Reich – Schriften und Diskurse*

Die Reihe *Deutsches Reich – Schriften und Diskurse* bietet eine Zusammenstellung von Abhandlungen und Vorträgen der deutschen Reichskanzler und anderen authentischen Zeitzeugnissen der politisch und gesellschaftlich stark prägenden Jahre von 1871 bis 1945. Jeder Band ist sowohl kartoniert als auch gebunden erhältlich, er enthält ein Vorwort sowie eine chronologische Auflistung der Reichskanzler, ihrer Lebens- und Amtszeit und ggf. ihrer Parteizugehörigkeit.

„*Die politischen sowie persönlichen Erfahrungen und Handlungen der Deutschen in der Zeit des Deutschen Reiches waren und sind die historische Bürde, aber auch das historische Fundament der von den Siegermächten des Zweiten Weltkriegs 1949 gegründeten Bundesrepublik Deutschland. […] Für das Verständnis unserer politischen Gegenwart und die Abwägung der Handlungsoptionen für die Zukunft ist die Kenntnis dieser Grundlagen unerlässlich.*" Björn Bedey (Hg.)

www.severus-verlag.de

Von der Reihe *Deutsches Reich – Schriften und Diskurse* bisher im SEVERUS Verlag erschienen:

Bernhard Rogge
Otto Fürst von Bismarck
Herausgegeben und mit einem Vorwort versehen von Björn Bedey

**Reihe *Deutsches Reich – Schriften und Diskurse*
*Reichskanzler, Bd. I/I***

ISBN (PB): 978-3-86347-035-7
SEVERUS 2011/173 S./€ 39,50

ISBN (HC): 978-3-86347-036-4
SEVERUS 2011/173 S./€ 49,50

Zum Band

Otto von Bismarck war von 1871 bis 1890 der erste Reichskanzler des Deutschen Reiches und an dessen Gründung maßgeblich beteiligt.

Vorliegende Biographie bietet Einblick in eine zeitgenössische Haltung zu dem Mann, der vom Volk aufgrund seiner starken Persönlichkeit zur Vaterfigur hochstilisiert, von Intellektuellen dagegen für sein „vollendete[s] Schlaubergertum" kritisiert wurde. Dennoch musste es selbst Theodor Fontane zugeben: „Er ist die denkbar interessanteste Figur, ich kenne keine interessantere".

Zur Reihe *Deutsches Reich – Schriften und Diskurse*

Die Reihe *Deutsches Reich – Schriften und Diskurse* bietet eine Zusammenstellung von Abhandlungen und Vorträgen der deutschen Reichskanzler und anderen authentischen Zeitzeugnissen der politisch und gesellschaftlich stark prägenden Jahre von 1871 bis 1945. Jeder Band ist sowohl kartoniert als auch gebunden erhältlich, er enthält ein Vorwort sowie eine chronologische Auflistung der Reichskanzler, ihrer Lebens- und Amtszeit und ggf. ihrer Parteizugehörigkeit.

„Die politischen sowie persönlichen Erfahrungen und Handlungen der Deutschen in der Zeit des Deutschen Reiches waren und sind die historische Bürde, aber auch das historische Fundament der von den Siegermächten des Zweiten Weltkriegs 1949 gegründeten Bundesrepublik Deutschland. [...] Für das Verständnis unserer politischen Gegenwart und die Abwägung der Handlungsoptionen für die Zukunft ist die Kenntnis dieser Grundlagen unerlässlich." Björn Bedey (Hg.)

In der Reihe *Deutsches Reich – Schriften und Diskurse: Reichskanzler* erscheint demnächst:

<u>Bd. V/I</u>
Theobald von Bethmann Hollweg - der fünfte Reichskanzler
Autor: Gottlob Egelhaaf
ISBN (HC): 978-3-86347-088-3
    (PB): 978-3-86347-087-6

<u>Bd. VIII/I</u>
Prinz Max von Baden - Erinnerungen und Dokumente
Autor: Prinz Max von Baden
ISBN (HC): 978-3-86347-086-9
    (PB): 978-3-86347-085-2

<u>Bd. VIII/II</u>
Prinz Max von Baden - Die moralische Offensive. Deutschlands Kampf um sein Recht
Autor: Prinz Max von Baden
ISBN (HC): 978-3-86347-084-5
    (PB): 978-3-86347-083-8

Jeder Titel der Reihe erscheint im SEVERUS Verlag in zwei Ausgaben:

Hardcover (HC)   Paperback (PB)

SEVERUS Verlag
Hermannstal 119 k • D-22119 Hamburg Fon: +49 - (0)40 - 655 99 2-0 •
Fax: +49 - 0)40 - 655 99 2-22 kontakt@severus-verlag.de • **www.severus-verlag.de**

www.ingramcontent.com/pod-product-compliance
Lightning Source LLC
Chambersburg PA
CBHW050911300426
44111CB00010B/1471